하루 한 장
삶에 새기는
논어

인생이라는 길에서
논어를 펼치다

하루 한 장
삶에 새기는
논어

論語

이지연·심범섭 지음

보아스

송나라의 재상이었던 조보는 "논어의 절반만 읽어도 천하를 다스릴 수 있다"고 말했습니다. 또한 다산 정약용은 평생에 걸쳐 논어를 공부하며 강진 유배 시절에 《논어고금주》를 저술했습니다. 또 현대에도 기업 총수를 비롯해 많은 사람이 《논어》를 인생의 책으로 꼽습니다.

그렇다면 《논어》는 왜 시간과 공간을 뛰어넘어 2500여 년이 지나도록 수많은 사람에게 커다란 영향력을 미치고 있을까요?

공자는 평생에 걸쳐 '사람으로서 어떻게 살아야 하는가?'라는 문제에 대한 답을 얻기 위해 몸으로 부딪치며 경험하고 온 힘을 다해 공부하며 연구했습니다. 또한 주나라의 예악이 무너지고 각 제후국이 패권을 다투는 약육강식의 대혼란 시대에 공자와 그 제자들은 '이 사회가 어디로 나아가야 할까'라는 문제에 대한 답을 찾기 위해 치열하게 고민하고 토론했습니다.

《논어》는 공자의 삶에 대한 경험과 지식, 공자와 제자들의 사회와 국가의 나아갈 길에 대한 집단지성이 담겨 있는 인생과 사회 문제에 대한 집대성이라 할 수 있습니다.

우리는 《논어》를 통해 공자라는 한 인간의 면면을 엿보며 '어떻게 살아야 할 것인가'에 대한 답을 얻을 수 있습니다. 공자는 근면하고 박학다식하며 상대의 눈높이에 맞추어 가르침을 베푸는 훌륭한 스승이었습니다. 그는 어린 시절 아버지를 여의고 갖가지 고생을 하며 생계를 꾸리면서도 15세에 학문에 뜻을 세우고 열심히 배우고 노력해 30세에는 학자로서 이름을 얻기 시작했고, 그에게 배우는 제자가 3000여 명에 이르렀습니다. 공자는 일정한 스승이 없었지만 "열 가구 정도의 작은 마을에도 반드시 나처럼 충실하고 신실한 사람이 있겠지만, 나만큼 배우기를 좋아하는 사람은 없을 것이다"라고 스스로 말한 것처럼 배움에 정진해 자신의 학문의 체계를 세웠습니다.

공자는 학문과 예악에 정통했고, 역사의 기록을 바탕으로 독창적인 정치관인 '정명론' 등을 체계화했으며, 많은 지식을 통합해 유학의 기틀을 마련하고 교육론을 펼쳐 큰 명성을 얻었습니다. 그럼에도 공자는 "나는 스스로 창작하지 않고 옛것을 정리하고 전하는 것이다"라고 말하며 언제나 겸손한 자세를 잃지 않았습니다. 또한 마구간이 불에 타서 많은 재화를 잃었음에도 가장 먼저 사람이 다치지 않았냐고 물어볼 만큼 주위 사람들을 아끼고 소중하게 생각했습니다. 또 자신의 아들과 제자들에게 주는 가르침이 전혀 다름이 없이 항상 공평무사함을 유지했습니다.

《논어》에는 이러한 공자의 솔선수범, 배려, 겸손함, 근면함, 언행일치, 지행합일, 삶에서의 실천 등의 모습이 500여 구절에 녹아 있어 우리는 공자의 모습을 통해 가치 있는 삶을 살기 위해 필요한 것이 무엇인지를 자연스럽게 배우게 됩니다.

또한 공자가 제자들과 대부들에게 전하는 가르침 그리고 공자와 제자들의 대화와 토론을 통해 우리 삶과 사회에서 일어나는 다양한 문제들에 대한 근본적인 해결법을 배울 수 있습니다. 공자는 당시의 복잡다단한 각종 사회적 문제를 근본적으로 풀기 위한 해결책으로 인(仁)과 예(禮), 즉 타인에 대한 사랑과 예의를 제시했습니다. 그런데 이익 추구와 경쟁이 만연한 지금 우리의 사회적 상황도 당시의 상황과 크게 다르지 않습니다. 그래서 《논어》의 가르침은 우리 삶과 사회에서 일어나는 많은 문제를 풀어나갈 수 있는 실마리를 던져준다는 점에서 그 가치가 크다고 할 수 있습니다.

《논어》는 수많은 사람이 읽는 책임에도 읽기가 쉬운 책은 아닙니다. 그 이유는 같은 주제를 담고 있는 문장들이 마치 파편처럼 논어 전체에 여기저기 흩어져 있고, 또 어떤 대화가 오간 그 배경이 생략되어 있어 문장만으로는 의미 파악이 쉽지 않기 때문입니다.

이 책은 《논어》 498개 장 중에서 우리가 삶을 어떻게 살아야 하는지에 대한 지혜를 제공해주는 75개 장을 뽑아 구성하고, 비슷한 주제의 논어 구절을 본문에서 연결해 설명함으로써 논어를 쉽고, 폭넓고, 깊이 있게 이해하도록 했습니다. 또한 논어의 말씀을 우리 삶과 사회 문제에 어떻게 적용할 수 있는지 구체적인 사례를 들고, 구절의 관련 고사나 이야기의 뒷배경을 자세히 설명해 이해도를 높이고 있습니다. 그리고 각 문장의 끝에는 필사를 할 수 있도록 배치해 그 말씀을 다시 한 번 삶에 새기도록 했습니다.

공자는 아는 것을 실천하지 않으면 소용이 없다고 실천의 중요성을 끊임없이 강조했습니다. 이 책을 통해 논어의 주옥같은 말씀을 눈으로 읽고, 손으로 쓰고, 마음에 새겨 삶에서 실천함으로써 가치 있는 삶을 완성해나가시기를 진심으로 바랍니다.

2024년 8월
이지연

제2장 _ 흔들리는 삶을 다잡는 길

제3장 _ 나를 찾아가는 길

제1장

나를 바로 세우는 길

論語

옛것은 새로운 창조의 원천

공자가 말했다. "옛것을 익혀 새로운 것을 알면, 그것으로써 스승이 될 수 있다."

〈위정〉 제11장
子曰 溫故而知新 可以爲師矣
자왈 온고이지신 가이위사의

옛것을 익혀서 새로운 것을 알면 스승이 될 만하다라는 의미다. 온고지신이란 과거의 지식과 경험을 배워서 현재의 문제를 해결하고 새로운 것을 알게 된다는 의미다. 이것은 지금도 매우 유용한 학습 방법이다.

공자가 말한 "옛것을 익힌다"는 의미는 옛 지식을 머리로만 이해하는 것을 말하는 것이 아니다. 만약 이해하기만 하고 현실에서 실천하고 적용하지 않으면 그것은 죽은 지식이 되고 만다. 그래서 지식을 머리로 이해하고 현실에 적용해 직접 실천하면서 자신의 것으로 만들어야 한다. 그렇게 해야 응용력이 생기며, 거기에 새로운 지식을 합하면 창조의 단계까지 나아갈 수 있다.

역사적으로 위대한 업적을 남긴 사람들은 옛사람들의 업적을 연구하고 자신의 것으로 만든 다음 새로운 이론이나 논리로 자신만의 업적을 만들어낸 사람들이다. 뉴턴은 "내가 멀리 보았다면 그것은 거인들의 어깨 위에 올라서 있었기 때문이다"라는 유명한 말을 남겼는데, 이것이 바로 온고지신이다.

이는 우리 삶의 모든 분야에도 해당한다. 어떤 일을 할 때 과거의 흐름을 토대로 새로운 패러다임을 읽고 준비해야 성공 확률이 높아진다. 국제 외교 관계도 과거의 역사를 분석해 위기와 기회를 읽고 전개해야 나라를 안정시키고 국가의 미래를 밝힐 수 있다.

《논어》는 우리가 삶을 어떻게 살아야 하는지, 또 사회에서 일어나는 여러 가지 문제들을 어떻게 해결할 수 있는지에 대한 실마리를 던져주고 좀 더 나은 선택을 향해 나아가도록 이끌어주는 '거인의 어깨'라 할 수 있다. 공자의 가르침은 2500여 년 전 옛 말씀이지만 그 안에는 지금도 유효한 삶의 지혜가 가득하다.

〈술이〉 편에 따르면 공자는 제자들에게 네 가지를 가르쳤다. 문(文), 행(行), 충(忠), 신(信)이 그것으로 문은 역대 문헌, 행은 사회적 실천, 충은 도덕 수양, 신은 행위규범을 말한다. 또 〈선진〉 편에 따르면, 네 가지 과(科)로 분류할 수 있는데 덕행, 화술과 변론, 정사, 문헌이다. 그래서 우리는 《논어》를 읽음으로써 정치, 도덕, 삶의 가치관, 인간관계, 교육 등에 관한 지식과 지혜를 얻을 수 있다.

그러나 한 가지 중요한 사실이 있다. 아무리 좋은 말도 고개만 끄덕이고 실천으로 연결하지 않으면 쓸모가 없는 것처럼 《논어》에서 배운 내용을 현실에서 실천하지 않으면 의미가 없다. 하지만 머리로 알고 이해해도 실제로 행동으로 옮기는 것은 결코 쉽지 않은 일이다. 그래서 끊임없이 공부하고 새겨서 실천으로 연결하는 자세가 필요하다.

추사 김정희는 "가슴속에 만 권의 책이 들어 있어야 그것이 흘러넘쳐서 그림과 글씨가 된다"라고 했다. 창조는 좋은 지식들이 섞이고 융합되어 새롭게 만들어지는 결과물이다. 오랜 시간과 많은 사람의 평가를 거쳐 살아남은 지식들은 마르지 않는 창조의 샘이다.

한 줄 필사

溫故而知新

현실에만 급급하면
미래가 불안해진다

◈◈◈

공자가 말했다. "사람이 멀리 내다보는 사려(思慮)가 없으면, 반드시 가까운 시일에 일어날 근심이 있게 된다."

〈위령공〉 제11장
子曰 人無遠慮 必有近憂
자왈 인무원려 필유근우

앞날을 내다보고 준비하지 않고 눈앞에 닥치는 일에만 급급하다보면 생각지 못한 근심거리가 생긴다는 의미로, 앞날에 대해 깊이 생각하고 준비해야 함을 강조하는 말이다.

비슷한 의미로 '유비무환(有備無患)'이라는 말이 있다. 《춘추좌씨전》에서 유래한 말로, 그 내용은 다음과 같다. "《서경》에서 말하기를 평안할 때 위태로움을 생각하라고 했습니다. 위태로움을 생각하면 그에 대한 대비를 하게 되고, 대비를 하면 근심이 없게 됩니다. 감히 왕께 이것으로 모범을 삼으시라고 권합니다."

이 말은 사마위강이라는 신하가 왕인 진도공에게 한 말이다. 그러나 이것은 개인, 기업, 국가 모두에게 해당하는 말이다.

살다보면 우리 대부분은 눈앞의 일들을 처리하는 데 바빠서 미래를 생각하거나 멀리 내다볼 겨를이 없다. 그러나 건강이든 일이든 미래를 대비해 신경 쓰지 않으면 어느 순간 위기를 맞게 된다. 우리나라 40대 이상의 사망원인 1위가 암이다. 암의 발병원인으로는 유전적 요인이 크게 작용하지만, 생활습관과 스트레스도 큰 영향을 미친다. 건강은 건강할 때 지키라는 말이 있는데, 우리는 건강할 때는 건강의 중요함을 잘 인식하지 못해 건강관리에 소홀하다가 나이가 들어 몸이 여기저기 아파오거나 건강을 잃게 되면 그때부터 건강에 신경을 쓰게 된다. 그러나 이것은 소 잃고 외양간 고치는 격이다. 그래서 젊고 신체가 건강한 시기부터 나이가 들었을 때 자신의 몸을 생각해 생활습관과 건강관리에 최대한 신경을 써야 한다. 일도 마찬가지다. 지금은 어떤 직장도 그 사람의 평생을 책임져주지 못한다. 그래서 현재 안정적인 직장을 갖고 있다고 하더라도 미래와 노후를 위해 평생 할 수 있는 자신의 직업을 찾는 노력을 병행해야 한다.

기업의 경우 갈수록 짧아지는 수명을 위해 끊임없이 미래를 대비해야 한다. 글로벌 컨설팅 기업 맥킨지의 자료에 따르면, 기업의 평균 수명이 1935년 90년, 1975년 30년, 2015년 15년으로 나타났다. 그러나 갈수록 사회환경이 다변화하고, 사회 패러다임이 빠르게 전환되고 있어 기업의 평균 수명은 더욱 짧아질 것이다.

하지만 오래 살아남은 기업들을 보면 끊임없이 미래를 내다보고 대비해 변신에 성공한 기업들이다. 1802년에 창립된 다국적기업 듀폰은 화학회사로 시작해 화학분야에서 전 세계에 이름을 날렸지만, 지금은 농업 및 영양, 산업용 바이오사이언스, 첨단소재 분야로 사업을 확장하고 있다. 이러한 변신의 노력으로 듀폰은 200년이 넘도록 살아남은 위대한 기업이 된 것이다.

국가들도 마찬가지다. 미중의 패권경쟁, 중동 지역의 역학관계, 유럽의 갈등과 통합 등 얽히고설킨 복잡한 세계정세 속에서 살아남기 위해서는 과거의 역사를 살피고 미래를 내다보는 전략적 혜안이 필요하다.

다만 멀리 내다보는 사려는 기본적으로 현실에 충실하면서 미래를 내다보고 대비하는 자세다. 현실은 등한시한 채 아직 오지 않은 미래만을 걱정한다면 그것은 실체가 없는 공상이 될 수 있다.

한 줄 필사

人無遠慮 必有近憂

충실한 하루하루가 뿌리내려
단단한 삶이 된다

❖❖❖

계로가 귀신을 섬기는 것에 대해 묻자 공자가 말했다. "아직 사람도 잘 섬기지 못하면서 어찌 귀신을 섬길 수 있겠느냐?" 계로가 다시 물었다. "감히 죽음에 대해 여쭙겠습니다." 공자가 말했다. "아직 삶도 모르는데 어찌 죽음을 알겠느냐?"

〈선진〉 제11장
季路問事鬼神 子曰 未能事人 焉能事鬼 敢問死 曰 未知生 焉知死
계로문사귀신 자왈 미능사인 언능사귀 감문사 왈 미지생 언지사

계로는 자로를 말하는데, 그는 공자보다 아홉 살 아래였고 공자의 제자들 중 나이가 제일 많았다. 자로가 귀신을 섬기는 일, 즉 제례의 중요성에 대해 물었다. 그러자 공자는 살아계실 때 공경하는 마음으로 잘 모시는 것이 더 중요하고, 또 살아계신 분들을 잘 섬기는 것이 더 중요함을 강조하기 위해 "살아 있는 사람도 제대로 섬기지 못하면서 어찌 귀신을 섬길 수 있겠느냐?"라고 자로를 일깨

우고 있다. 또 죽음에 대해 묻자 현실의 삶이 더 중요하다고 강조하고 있다.

공자는 제사를 지낼 때 가장 중요한 것은 그 대상에 대한 공경하는 마음이라고 생각했다. 〈팔일〉 제12장을 보면 다음과 같이 말한다. "선조의 제사를 지낼 때는 마치 그 자리에 선조가 계신 듯이 제를 올리고, 신에게 제를 올릴 때도 마치 그 자리에 신이 계신 것처럼 제를 올려야 한다."

공자가 강조한 점은 부모님이 돌아가신 이후에도 계속 감사하는 마음을 느끼면서 살아가는 예(禮)를 제사라는 예법(禮法)을 통하여 잊지 말자는 것이다. 다시 말해, 조상에게 제사를 드리는 행위와 형식을 통해 성의와 경의를 표현하라는 것이다.

위의 대화에서 알 수 있듯이 공자는 귀신이나 죽음 이후의 일들에 관해서는 말하지 않았다. 공자는 괴이한 일, 힘으로 눌러 억지로 하려는 일, 세상을 어지럽히는 일, 그리고 귀신에 대해서는 말하지 않았으며, 현실의 사람과 삶을 더 중요하게 여겨 어떻게 삶을 성실하고 충실하게 채워갈 수 있는지에 대해 이야기했다.

우리가 과거를 돌아보고 거울로 삼는 이유는 현실을 올바르고 충실히 살아 보다 나은 미래를 맞이하기 위해서다. 우리의 삶은 현재의 하루하루를 충실히 밟아나가면서 만들어진다. 《논어》는 현실에 충실할 것을 강조한 만큼 그러한 내용을 많이 담고 있다.

〈자장〉 제13장에서는 다음과 같이 말하고 있다. "관직에 있으면서 여유가 있으면 학문에 힘쓰고, 학문을 하다가 여력이 있으면 벼슬을 한다."

여기에서 말하는 배움의 목적은 그것이 학문에 머무르는 것이 아니라 배움을 활용해 먹고살 수 있는 직업을 얻기 위해서이며, 인간답게 살기 위해 도덕적인 삶을 실천하기 위해서다. 배우기만 하고 직업이나 일을 얻지 못하면 생계를 해결할 수 없고, 또한 자아를 실현하고 자신의 뜻을 펼칠 수 없다. 그래서 배움과 일을 병행하라고 말하고 있다. 특히 현대사회에서는 배움의 가장 큰 목적이 자신의 일을 찾아 생계를 해결하고, 나아가 자신의 능력을 펼쳐 꿈과 성공을 이루는 것이다.

이렇게 《논어》는 현실에 성실하게 발을 붙이고, 배운 것을 삶에서 충실히 실천할 것을 제시한다는 점에서 활학(活學)이다.

공자는 비록 죽음에 대해 말하지 않았지만, 죽음은 역설적으로 삶에 더 충실히 임하게 한다는 점에서 의미가 있다. 우리는 죽음을 생각해봄으로써 자신의 삶을 한번 돌아보고 현재의 삶이 얼마나 소중한지를 깨닫게 된다. 이를 통해 죽는 순간까지 어떻게 삶을 충실히 살아나갈 것인지 삶의 의미를 진지하게 생각하게 된다. 그런 점에서 죽음도 결국에는 우리 삶의 일부분이라 할 수 있다.

未知生 焉知死

효과적인 두 가지 창작법

—— ◈◈◈ ——

공자가 말했다. "옛것을 전하여 기술하고 창작하지 않았다. 옛것을 믿고 좋아하는 나를 남몰래 현명한 대부 노팽에 비유하고자 한다."

〈술이〉 제1장
子曰 述而不作 信而好古 竊比於我老彭
자왈 술이부작 신이호고 절비어아노팽

공자는 과거부터 전해내려 온 많은 책 속에 있던 좋은 말들과 글들을 모아서 체계적으로 정리해 저술했다. 그는 이것을 '술이부작'이라고 표현했다. 이는 '내가 가르쳐 주는 것은 내가 창작한 것이 아니라 옛 성현들의 말씀을 전하는 것이다'라는 의미다. 노팽은 은(殷)나라의 현자로 옛날 일을 적기 좋아했는데, 공자가 존경한 인물 중 한 명이다.

공자는 《시경》과 《서경》을 산개하고, 《주역》을 찬술했으며, 《예기》와 《악경》을 정리하고, 《춘추》를 편찬했다. 공자는 이처럼 여기저기 산재해 있던 진리의 말들과 지식들을 모아 유학의 체계를 세웠는데 이를 집대성이라고 한다. 공자는 대학자이자 다방면의 지식에 정통한 박학다식한 인물이었다. 그가 죽간의 가죽끈이 세 번이 끊어지도록《주역》을 읽었다는 위편삼절(韋編三絶)의 고사는 유명하다.

하지만 공자는 겸손하게 "나는 스스로 창작하지 않고 옛것을 정리하고 전하는 것이다"라고 말했다. 공자는 역사의 기록을 바탕으로 독창적인 정치관인 '정명론' 등을 체계화했으며, 많은 지식을 통합해 그만의 철학과 교육론을 펼쳤다. 그것은 2500여 년이 지난 지금도 많은 사람에게 가르침을 주고 있다.

우리가 알고 있는 유명한 작품들도 '술이부작'을 통해 창작된 것이 많다.《이솝우화》나《삼국지》등도 모두 전해져 내려오던 이야기에 창작을 더해 지어진 작품들이다.

무에서 유를 창조하는 일은 불가능하다. 그러나 술이부작과 집대성의 방법처럼 기존에 있는 좋은 재료에 자신의 콘텐츠를 더해 새로운 작품을 탄생시키는 방법은 효율적이면서 좋은 방법이다. 이를 위해서는 메모하는 습관을 생활화하고, 관심 분야의 정보들을 노트나 컴퓨터에 잘 정리하는 자세가 필요하다. 이 자료들을 이해하고 정리하는 과정에서 자신만의 체계가 자연스럽게 형성되어 궁극적으로 창작으로 연결될 수 있다. 또한 이 과정에서 만들어진 풍부하고 정돈된 자료들은 중요한 지적 자산이 된다. 메모와 정리가 쌓이고 쌓이면 그것이 한 권의 책을 쓰는 밑바탕이 된다.

'술이부작'으로 다수의 창작물을 만들고 그것들을 모으고 정리해 자신의 체계인 '집대성'을 완성해보자. 이는 자신의 전문 분야를 만들어가는 시작점이다.

한 줄 필사

述而不作

삶에서 완벽함보다 균형감을 갖추자

자공이 물었다. "사와 상 중에서 누가 더 낫다고 보십니까?" 공자가 말했다. "사는 지나치고 상은 미치지 못한다." 그러자 자공이 말했다. "그러면 사가 낫습니까?" 공자가 말했다. "지나친 것은 미치지 못한 것과 같다."

〈선진〉 제15장
子貢 問 師與商也孰賢 子曰 師也過 商也不及
曰 然則師愈與 子曰 過猶不及
자공 문 사여상야숙현 자왈 사야과 상야불급
왈 연즉사유여 자왈 과유불급

'사(師)'는 공자의 제자 자장(子張)의 이름이다. 자장은 진(陳)나라 사람으로 공자보다 마흔여덟 살 아래였다. 자장은 매우 외향적이고 적극적인 성격을 갖고 있었다. '상(商)'은 공자의 제자 자하(子夏)의 이름이다. 자하는 위(衛)나라 사람으로 공자보다 마흔네 살 아래였으며, 문헌에 밝았다. 질문을 하고 있는 자공의 이름은 사

(賜)이며 위(衛)나라 사람으로 공자보다 서른한 살 아래였다. 그는 명석하고 외교와 이재에 뛰어난 인물이었다.《사기》〈공자세가〉 편에는 다음과 같은 이야기가 실려 있다. 공자가 세상을 떠나기 7일 전에 자공이 그를 찾아갔는데 공자가 그에게 왜 이렇게 늦게 찾아왔느냐고 하면서 천하에 도가 없어진 지 이미 오래되었으니 누가 나를 계승할 것인가라고 눈물을 흘리며 탄식했다. 공자의 이 말에는 후사를 부탁한다는 뜻이 담겨 있을 정도로 자공은 공자의 애제자였다. 자공, 자장, 자하 모두 공자의 애제자들이다.

자공이 자장과 자하 중에 누가 더 낫냐고 공자에게 묻자 공자는 자장은 넘치고 자하는 모자란다고 대답했다. 자공은 넘치는 것이 낫다고 생각해 그러면 자장이 더 나은 것이냐고 물었다.

공자의 제자들은 저마다 특색이 있었다. 자장은 사람들과 사귀는 것을 좋아하고 매우 외향적이고 적극적이며 뜻이 넓어 선을 넘는 성격이었고, 반면에 자하는 근면하고 배우기를 좋아했지만 포부가 협소해 미치지 못하는 단점이 있었다. 선을 넘어가는 것이나 선에 미치지 못하는 것이나 알맞음에 이르지 못하고 부족하다는 점에서는 마찬가지라는 의미에서 공자는 "지나친 것은 모자란 것과 같다(過猶不及)"고 말한 것이다.

예를 들어 부모가 자식에게 지나친 기대와 관심을 가지고 간섭하면 자식은 부담감에 힘이 들고 반발심에 오히려 엇나갈 수 있다. 반대로 부모가 자식에게 전혀 관심이 없고 방임하면 자식은 애정

결핍으로 문제아가 될 수도 있다. 그래서 자식에게 충분한 사랑을 주되 스스로 판단하고 결정할 수 있는 자립심을 길러주는 교육이 필요하다. 또 나쁜 길로 빠지려고 할 때 당겨주어 그 길로 가지 못하게 하고, 의욕과 투지가 없을 때 용기를 내도록 밀어주는 현명함이 필요하다.

수준에 넘치면 덜어내고 모자라면 채워서 사리에 맞게 행동하는 것이 바로 중용(中庸)이다. 중용은 곧 균형을 유지하는 것이다.

우리 삶에서 일과 휴식의 균형을 유지하고, 부정적 감정과 긍정적 감정의 균형을 찾고, 마음과 몸의 균형을 이루는 것은 안정과 행복을 얻기 위해 반드시 필요한 과정이다.

한 줄 필사

過猶不及

자연의 순리를 통해
생존의 지혜를 배우자

━━━━━━━━━━ ◈◈◈ ━━━━━━━━━━

공자가 시냇가에서 흐르는 물을 보고 말했다. "흘러가는 것이 이와 같구나. 밤낮을 멎지 않고 흐르는구나!"

〈자한〉 제16장
子在川上曰 逝者如斯夫 不舍晝夜
자재천상왈 서자여사부 불사주야

공자가 제자들과 강가에서 대화를 나누며 흐르는 물을 바라보고한 말이다. 공자는 멈추지 않고 흘러가는 물처럼 사람도 삶에서 쉼없이 학문과 도(道)를 닦아야 함을 제자들에게 일깨우고 있다.

여기에서 유명한 '천상지탄(川上之歎)'이라는 말이 유래했다. 세상의 모든 것은 변화하며, 한번 지나가면 다시 돌아오지 않는 만물의 덧없음을 표현한 말이다.

우리는 자연을 통해 삶의 진리를 배울 수 있다. 물이 시냇물을거쳐 강으로 또 바다로 흘러가고, 그 물은 다시 증발해서 비를 내려 시냇물을 만드는 반복적인 주기가 있다. 시간을 통해 보면, 태양이 아침에 동쪽에서 떠서 저녁이면 서쪽으로 지고, 달의 모양이 변함에 따라 한 달이 되고, 계절도 변함없이 사계절을 반복하면서 일 년이라는 시간이 반복되어 흐른다. 이와 같이 하늘은 한순간도 멈추지 않고 순서가 바뀌지 않고 일정한 길을 따라서 운행하는데, 《역경》에서는 이것을 천도(天道)라고 했다. 자연이 그 길을 벗어나서 여름 다음에 가을이 오지 않고 겨울이 온다거나 태양이 동쪽에서 떠서 북쪽으로 지는 등 정해진 주기가 엉키게 되면, 자연에 기대어 살아가고 있는 인간을 비롯한 동물과 식물들은 재앙을 맞게 된다.

또한 하늘의 질서를 본떠서 인간세상의 질서를 유지하기 위한 모델로 삼아 사람들이 가야 하는 길을 제시했는데, 그것이 인도(人道)다.

그런데 자연을 보면 균형을 유지해 질서를 지키는 시스템이 있다. 예를 들면, 여름에 극심한 더위가 있으면 태풍이라는 자정작용을 통해 지구가 온도의 밸런스를 유지한다. 자연과 마찬가지로 우리 삶도 밸런스를 유지하는 시스템이 필요하다. 만약 예절이 과하면 아첨이 되고, 모자라면 불손해지게 된다. 감정이 과하게 되면 이성적인 생각을 하지 못하게 되고, 이성이 과하면 감정이 메마르게 된다. 음식이나 영양소도 모자라면 결핍되고 과하면 중독된다. 봄에 씨를 뿌려야 할 곡식을 겨울에 씨를 뿌리면 그 농사는 망치게 된다. 또한 가을에 거두어야 할 곡식을 여름에 거두면 안 익은 곡식을 수확하게 되고, 겨울에 수확한다면 그 곡식은 얼어버려서 수확할 것이 없게 된다. 그래서 때와 상황에 맞게 행동하는 중용이 필요하다.

《역경》에서는 다음과 같이 말한다. "하늘의 운행이 굳건한 것처럼 군사는 스스로 강하게 난련함에 그침이 없어야 한다."

자연의 운행은 시간이 아무리 흘러도 변함이 없다. 봄이 가면 여름이 오고, 여름이 가면 가을이 오고, 가을이 가면 겨울이 온다. 낮이 가면 밤이 오고, 밤이 가면 새벽이 오고 또 아침이 온다. 이처럼 자연의 운행은 순환하면서 변화하고, 그 순환은 변함없이 굳건하다. 우리도 굳건함으로 생명력을 이어가는 자연의 지혜를 본받아 굳은 의지로 스스로를 수양하고 단련함에 그침이 없어야 한다.

한 줄 필사

不舍晝夜

예의는 자신의 이기심을 극복하는 것이다

───────── ❖❖❖ ─────────

안연이 인에 대해 물어보자 공자가 말했다. "자신의 욕심을 극복하고 예로 돌아가는 것이 인이다. 하루라도 자신을 극복해 예로 돌아가면 천하가 인으로 돌아갈 것이다. 인을 실천하는 것은 자신에게 달린 것이지 남에게 달린 것이겠는가?" 안연이 말했다. "그 구체적인 내용을 여쭙고자 합니다."

공자가 말했다. "예가 아니면 보지 말며, 예가 아니면 듣지 말며, 예가 아니면 말하지 말며, 예가 아니면 움직이지 말아야 한다." 안연이 말했다. "제가 비록 부족하지만 그 말씀을 실천하도록 노력하겠습니다."

〈안연〉 제1장

顔淵 問仁 子曰 克己復禮 爲仁 一日克己復禮 天下歸仁焉
爲仁由己 而由人乎哉 顔淵曰 請問其目
子曰 非禮勿視 非禮勿聽 非禮勿言 非禮勿動
顔淵曰 回雖不敏 請事斯語矣
안연 문인 자왈 극기복례 위인 일일극기복례 천하귀인언
위인유기 이유인호재 안연왈 청문기목
자왈 비례물시 비례물청 비례물언 비례물동
안연왈 회수불민 청사사어의

안연은 공자가 가장 사랑했던 제자 안회로, 그는 학문과 덕행이 뛰어났다. 안회는 공자보다 서른 살 아래였지만, 공자보다 먼저 세상을 떠났다.

안회가 공자에게 인에 대해 묻고 있다. 인(仁)은 《논어》에서 100여 차례 이상 언급될 정도로 공자 사상의 핵심이자 뿌리라 할 수 있다. 〈안연〉 제22장을 보면 번지가 인에 대해 묻자 공자는 "사람을 사랑하는 것이다"라고 대답했다. 인은 곧 남을 사랑하는 선한 마음이다. 또한 기(己)는 사욕을 말한다. 그래서 극기(克己)란 자신의 욕망, 욕구, 사욕을 의지로 극복하는 것을 의미한다. 만약 각자가 자신의 욕심과 욕망을 채우려는 이기심을 버리고 함께 잘 살 수 있도록 서로를 배려하는 마음으로 예를 지킨다면 세상은 사랑이 가득한 세상이 될 수 있을 것이다.

이러한 실천은 우리 각자가 자발적으로 하는 것이지 강제성이나 법의 규제로는 한계가 있다. 우리가 아무리 도덕을 배우고 법이 존재해도 사회에는 여전히 다툼과 범죄가 존재하고 하루도 빠짐없이 사건 사고가 일어나는 이유는 극기복례를 삶에서 실천하는 것이 결코 쉽지 않기 때문이다.

안회가 극기복례를 실천할 수 있는 구체적인 방법을 묻자 공자는 "예가 아니면 보지도 말고, 듣지도 말고, 말하지도 말고, 움직이지도 말라"고 말했다. 이는 모든 행동 기준을 예에 맞추고 예에 맞지 않으면 하지 말라는 의미다.

예는 우리 각자가 서로 함께 순조롭게 살아가기 위해 지켜야 하는 질서와 규범이다. 우리는 국가와 사회 그리고 가족이라는 공동체 테두리 안에서 살아가기에 나의 편의, 욕구, 욕망대로 행동하기에 앞서 그것이 타인에게 해가 되지 않는지 먼저 살펴볼 필요가 있다. 상대를 살피고 배려하는 자세는 기본적으로 상대에 대한 애정이 바탕이 된다. 만약 우리 각자가 그렇게 행동할 수 있다면 세상에 인은 자연스럽게 실현될 수 있다. 그래서 공자는 삶에서 인의 실현을 위해 예를 실천하라고 강조한 것이다.

공자는 "덕이 있는 사람은 외롭지 않고 반드시 이웃이 있다"고 말했다. 여기에서 '덕'은 사람을 사랑하고 배려하는 인(仁)의 마음이고, 그 덕을 표현하는 것이 바로 예(禮)다.

자신의 이익과 성공이 중시되는 사회에서 덕을 베풀고 예를 지키는 것이 현실에서는 쉽지 않지만, 공자의 말처럼 그것은 사람들 간의 평화와 화합을 가져올 수 있다. 톨스토이는 "우리는 각자의 마음속에, 그리고 이 세계 속에 있는 선함이 실현될 것이라고 믿어야만 한다. 믿음이야말로 선함이 실현될 수 있는 최고의 조건이기 때문이다"라고 말했다. 만약 우리 각자가 세상에서 인의 실현을 믿고 노력한다면 우리의 노력은 각박한 세상을 바꾸는 마중물이 될 것이다.

克己復禮 爲仁 一日克己復禮 天下歸仁焉

모든 존재는 각각의 쓰임새가 있다

계강자가 물었다. "중유는 정사를 맡을 만합니까?" 공자가 대답했다. "유는 과단성이 있으니 정사를 맡는 데 무슨 어려움이 있겠습니까?" 계강자가 다시 물었다. "사는 정사를 맡을 만합니까?" 공자가 대답했다. "사는 사리에 통달했으니 무슨 어려움이 있겠습니까?" 계강자가 또 물었다. "구는 정사를 맡을 만합니까?" 공자가 대답했다. "구는 재주가 있으니 무슨 어려움이 있겠습니까?"

〈옹야〉 제6장
季康子問 仲由 可使從政也與 子曰 由也 果 於從政乎 何有
曰 賜也 可使從政也與 曰 賜也 達 於從政乎 何有
曰 求也 可使從政也與 曰 求也 藝 於從政乎 何有
계강자문 중유 가사종정야여 자왈 유야 과 어종정호 하유
왈 사야 가사종정야여 왈 사야 달 어종정호 하유
왈 구야 가사종정야여 왈 구야 예 어종정호 하유

계강자는 노나라의 대부로, 주유하고 있던 공자를 위(衛)나라에서
노나라로 돌아오게 했지만 끝내 등용하지는 않았다. 계강자가 공

자의 제자 중에서 정사를 맡길 만한 인재가 누구인지 질문하고 있다. 중유(仲由)는 자로(子路)의 이름으로 자로는 과감하고 용감한 성격이었다. 사(賜)는 자공(子貢)의 이름으로 그는 언변과 이재에 뛰어났다. 구(求)는 자유(子有)의 이름으로 공자보다 스물아홉 살이 적은 제자로 정치능력이 뛰어나고 다재다능한 인물이었다.

그래서 공자는 자로는 결단력이 있고, 자공은 사리에 밝고, 자유는 재주가 많기에 각각 정사를 맡을 만하다고 대답했다. 사람마다 각자의 장점을 갖고 있으니 그 장점을 취해서 쓰면 된다는 의미다.

정치는 인간사의 여러 가지 방면을 조화롭게 잘 운용하는 것이므로 과감하게 결정을 잘 내리는 과단성이 있는 인재도 필요하고, 또 상황을 잘 파악하고 그것에 맞는 정책을 잘 만드는 인재도 필요하고, 실무에 뛰어난 인재도 필요하다. 그러므로 리더는 서로 다른 능력을 갖춘 인재들을 적재적소에 배치해 능력을 잘 발휘하도록 이끄는 것이 중요하다.

만약 서로 다른 강점과 능력을 갖춘 사람들이 각자 필요한 곳에서 자신의 능력을 펼치며 일할 수 있다면 이는 가장 바람직한 모습이다. 그러나 현실을 둘러보면 그렇지 못한 경우가 매우 많다.

국가의 관직 인사를 보면 정권에 따라 수시로 바뀌는 모습을 볼 수 있다. 실력과 실무능력을 겸비한 인재가 임명되기보다 학연, 파벌, 인맥 등의 배경이 더 중요한 잣대가 되기 때문이다. 장관이나 요직의 인사가 자주 바뀌면 국가의 정책을 일관되게 집행하고 리더십을 발휘하기가 어려울 수밖에 없다.

또한 기업에서도 낙하산 인사를 많이 볼 수 있다. 이는 기회의 불균등으로 낙하산 인사로 인해 실력과 능력을 갖춘 사람에게는 그만큼의 기회가 돌아가지 않게 된다.

또 우리 사회를 보면 사람들의 선호하는 직업과 일자리가 매우 편향되어 경쟁이 매우 치열하고, 직업군이 협소하다. 이렇게 되면 실업률이 높고 사람들의 심리적인 좌절감과 패배감이 클 수밖에 없다.

사회와 조직이 건강하기 위해서는 사람들이 저마다 각자의 능력을 발휘하고 다양성이 공존하는 분위기가 정착되어야 한다. 우리는 저마다 서로 다른 능력, 서로 다른 강점을 갖고 있다. 그리고 저마다의 쓰임새를 갖고 있다. 아리스토텔레스는 "자신이 누구인지 알면, 어디로 가야 할지도 안다"라고 말했다. 남들이 모두 원하는 직업과 일자리를 찾기보다 자신의 강점을 파악해 내가 가장 잘할 수 있는 일과 직업을 찾는 것이 삶의 큰 지혜다.

성공은 자신의 일에 최선을 다할 때 시작된다

자하가 말했다. "수많은 공인은 작업장에서 자신의 일을 이루고, 군자는 배움을 통해 도를 이룬다."

〈자장〉 제7장
子夏曰 百工居肆 以成其事 君子學 以致其道
자하왈 백공거사 이성기사 군자학 이치기도

위에서 말하는 사(肆)는 관청의 물건을 만드는 곳을 말한다. 기술자가 가장 돋보일 때는 자신의 기술을 이용해 자신의 제품을 잘 만들때다. 작업장은 기술자들이 일에서 필요한 도구와 자재들이 있어 일할 수 있는 환경이 갖추어져 있기 때문에 기술자들은 작업장에서 가장 빠르고 완벽하게 일을 이룰 수 있다. 위에서 말하는 학(學)이란 학문을 닦고 실천하는 것을 말한다. 《논어》에는 군자라는 말이 107번 나오는데, 어질고 학식이 높은 지성인을 가리킬 때도 있고, 임금과 제후, 경, 대부 등 백성을 다스리는 지위에 있는 사람들을 가리키기도 한다. 그래서 군자는 끊임없이 공부하며 덕을 기르고 그것을 세상에서 실천해야 할 책임과 의무가 있으며, 그러한 노력을 통해 도를 이룰 수 있다.

위의 문장은 각자 자신의 분야에서 끊임없이 배우고 노력해야 최고의 경지에 도달할 수 있다는 의미다.

영국 런던의 명물로 불리는 블랙 캡의 택시기사는 능력에 따라 1억 이상의 연봉을 번다. 블랙 캡의 기사 면허를 따기 위해서는 네비게이션이나 GPS 없이 2만 5000개의 거리와 2만 개의 랜드마크를 모두 외우는 시험을 치르며, 필기시험과 일대일 면접 그리고 실기시험을 모두 통과해야 한다. 시험이 매우 까다로워 최종합격까지 평균 3~4년의 시간이 소요된다. 그러나 이러한 혹독한 훈련 과정을 통해 블랙 캡 기사들은 운전 실력뿐만 아니라 지리와 문화적 지식도 풍부하게 갖추게 되어 고급 인력으로 인정을 받는다.

어떤 분야든 남들과 차별화되는 능력과 지식을 갖추고 있으면 인정을 받고 성공을 거둘 수 있다. 그러나 최고의 경지에 도달하기 위한 과정은 결코 쉽지 않다. 블랙 캡 기사들이 면허를 따기 위해 런던 지도 전체를 머릿속에 넣는 것은 매우 어렵고 힘든 과정이지만, 그로 인해 그들은 어떠한 교통 상황이 발생해도 유연하게 대처할 수 있는 능력을 갖추게 된다. 자신의 분야에서 최고의 경지에 이르기 위해서는 이렇게 디테일까지 완벽해지기 위해 끊임없이 배우고 공부하며, 다양한 경험을 하면서 능력을 갈고닦아야 한다.

철이 칼로 탄생하기까지 대장장이는 철을 망치로 두드리는 단조 작업을 수백 번을 하고 또 뜨겁게 달궈진 쇳덩이를 급속 냉각하는 담금질을 수차례 반복한다. 우리도 자신의 분야에서 장인이 되고 최고의 경지에 오르려면 스스로를 수없이 담금질하며 자신을 단단하게 만드는 과정을 거쳐야 한다. 아리스토텔레스는 "인내는 쓰지만 그 열매는 달다"고 말했다. 노력의 과정이 힘들고 어려운 만큼 그 성공의 결실은 달고 풍요로울 것이다.

한 줄 필사

百工居肆以成其事 君子學以致其道

바른 몸가짐은
바른 마음가짐에서 나온다

임방이란 사람이 예의 근본에 대해 묻자, 공자가 말했다. "훌륭한 질문이다! 예는 사치하는 것보다는 차라리 검소한 것이 낫고, 상을 치를 때는 형식적으로 잘 치르는 것보다는 차라리 슬퍼하는 것이 낫다."

〈팔일〉제4장
林放 問禮之本 子曰 大哉問 禮 與其奢也 寧儉 喪 與其易也 寧戚
임방 문예지본 자왈 대재문 예 여기사야 영검 상 여기이야 영척

노나라의 임방이 사람들이 예를 행할 때 형식과 절차에 치중하는 것을 보고 예의 근본이 무엇인지 궁금해서 묻자 공자는 훌륭한 질문이라고 칭찬하며 다음과 같이 대답했다. "예는 성대하고 화려하게 거행하는 것보다는 검소하게 하는 것이 낫고, 상례를 치를 때는 예식을 절차대로 잘 치르는 것보다 진정으로 슬퍼하는 마음이 더 중요하다."

공자는 허례허식을 배격하고 마음가짐을 중시해 그와 관련된 말

씀을 많이 남겼다. 〈팔일〉 제26장을 보면 공자는 이렇게 말했다. "높은 지위에 있으면서 너그럽지 않고, 예를 행할 때 공경함이 없고, 상례를 치를 때 슬퍼하지 않는다면 무엇으로 그 사람됨을 알아보겠는가?"

예법을 아무리 잘 알고 있다고 하더라도 가장 중요한 진정한 마음이라는 본질은 없고 다만 남들에게 보여주기 위해서 또는 남들에게 과시하기 위해서 형식적으로 행사를 치른다면 그것은 허식에 불과해 진정한 예가 아니다.

그러나 공자는 위에서 사치하는 것보다는 검소한 것이 낫고, 형식적으로 잘 치르는 것보다는 슬퍼하는 것이 낫다라고 단서를 붙였다. 검소한 것이 낫고 슬퍼하는 마음이 중요하지만 그렇다고 보여주는 형식과 예법을 무시하라는 말은 아니다.

우리는 살면서 가족, 친구, 지인들과 관련한 많은 경조사가 생기게 된다. 만약 친한 친구의 생일이라고 한다면, 축하하는 마음을 전달하는 것도 중요하지만 마음을 표현할 수 있는 커피 쿠폰 같은 작고 간단한 선물이라도 건네는 것이 올바른 예다. 만약 혼자서 마음으로만 친구의 생일을 크게 축하한다면 상대는 자신의 마음을 알수가 없다. 또 지인의 결혼식이 있다고 하자. 요즘 경조사비는 통상적인 금액이 있는데, 만약 지인의 경조사에 통상적인 금액보다 터무니없이 적은 금액을 보낸다면 상대는 받고도 기분이 나쁠 수 있다. 마음으로 지인의 결혼을 크게 기뻐하고 축하한다고 해도 형식

적으로 최소한 갖추어야 하는 예의를 차리지 않으면 오히려 상대
에게 결례가 될 수 있다.

사회생활을 하면서 지켜야 하는 매너와 에티켓들은 마음가짐을
몸가짐으로 드러내는 예라 할 수 있다. 우리의 마음은 행동으로 나
타나고, 사람들은 그 행동을 통해 우리를 평가하게 된다. 그래서 올
바른 마음가짐을 가지는 것은 예를 실현하기 위한 기본이자 밑바
탕이 된다.

한 줄 필사

禮與其奢也寧儉 喪與其易也寧戚

예를 기준으로 몸가짐을 정돈하자

─────────── ◈◈◈ ───────────

공자가 말했다. "군자가 학문을 널리 배우고, 예로써 자신을 다스리면 도(道)에서 어긋나지 않을 수 있다."

〈옹야〉 제25장
子曰 君子博學於文 約之以禮 亦可以弗畔矣夫
자왈 군자박학어문 약지이례 역가이불반의부

박학어문(博學於文)이란 옛 선현들의 가르침을 다양하고 폭넓게 공부하는 것을 말하고, 약지이례(約之以禮)는 예로써 자신을 다스려 실천한다는 의미다. 여기서의 예는 우리가 예절, 예의라고 일컫는 행동거지와 실천을 말한다. 부모님께 효도를 해야 한다는 예를 알게 되었다면, 무엇을 드리거나 받을 때 두 손으로 공손한 자세로 하고, 부모님이 밖으로 나가실 때 따라 나가 배웅해드리고, 부모님이 집으로 오시면 인사 드리는 등의 행동거지가 부모님께 효도하는 마음을 표현하는 행동이다. 이러한 예법을 통해 예를 지켜나가는 것이다.

위의 문장은 군자는 학문을 통해 폭넓게 지식을 쌓고, 배운 것을 예로써 잘 다스려 실행해야 한다는 의미다.

사자성어에 박문약례(博文約禮)라는 말이 있는데, 널리 학문을 배우고 익혀 사리에 밝고 몸가짐은 예법에 맞게 행동해야 한다는 의미다. 이것은 박학어문과 약지이례가 합쳐진 말이다.

학교의 교육이 학생들이 박문약례 하도록 이끄는 공부가 된다면 가장 이상적이다. 영국의 철학자이자 교육학자인 허버트 스펜서는 "교육의 목적은 인격의 형성이다"라고 말했다. 그러나 우리의 교육은 초등학교부터 고등학교까지의 배움은 입시를 위한 공부가 되었고, 대학교의 배움은 입사를 위한 공부가 되고 말았다. 하지만 우리가 평생의 삶을 잘 살아가기 위해서는 학교에서의 배움이 단순히 시험을 보기 위한 지식의 축적이 아니라 지혜를 쌓고 인격을 갈고 닦는 과정이 되어야 한다.

예는 또한 우리 몸가짐을 바로잡는 기준이 된다. 〈태백〉 제2장에는 다음과 같은 공자의 말씀이 있다. "공손하면서 예가 없으면 수고롭기만 하고, 신중하면서 예가 없으면 두려워하기만 하고, 용맹하면서 예가 없으면 난폭해지고, 강직하면서 예가 없으면 각박해진다."

공손함, 신중함, 용기, 정직함 이 네 가지는 모두 우리가 살아가면서 갖추어야 할 덕목이다. 그러나 존경하는 마음이 없이 그냥 공손하게 대하는 자세는 예가 아니라 아첨이 된다. 또 공손하게 대해야 할 사람뿐만 아니라 모든 사람에게 공손하려고 하면 스스로 피곤해서 지쳐버릴 것이다.

경거망동함보다 신중함은 좋은 태도이지만, 신중함이 지나치면 결단을 내려야 할 때 결단하지 못하고 생각만 할 수도 있다. 또 많은 것을 따지다보면 실패에 대한 두려움이 앞서 일이 진행되지 않을 수 있다.

또 용기는 살아가면서 필요하지만, 지나치게 용감하고 나서기를 좋아하면 난폭해져 걸핏하면 분란을 일으키고 질서를 어지럽힐 수 있다. 이는 만용이 된다. 용맹한 사람이 예가 있으면 군인이나 경찰이 되지만, 예가 없으면 조폭이나 반란군이 되는 것이다.

또 강직함이 지나치면 융통성이 없어 여유가 없고 각박해진다. 그러면 인정이 없어 보여 사람들의 원성을 살 수 있다. 강직한 사람이 예가 있으면 청렴한 사람이 되지만, 예가 없으면 자신의 주장만 내세우고 주변 상황을 고려하지 않는다.

예는 사람들이 어울려 살아가기 위한 질서 유지를 위한 규범이기에 상대를 배려하는 마음이 깔려 있어야 한다. 아무리 좋은 덕목도 과하거나 때와 상황, 상대에 맞지 않게 일률적으로 한다면 그 의미가 변질되고 만다. 그래서 예를 기준으로 몸가짐을 바로 해야 한다.

한 줄 필사

君子博學於文 約之以禮

시를 통해 감정을 배우고
예를 통해 도리를 배운다

⬥⬥⬥

진강이 백어에게 물었다. "당신은 남들과 달리 선생님께 특별한 가르침을 들은 것이 있습니까?" 백어가 대답했다. "그런 적이 없습니다. 일찍이 아버님께서 홀로 서 계셨을 때 내가 종종걸음으로 뜰을 지나가는데, 아버님께서 '시를 배웠느냐?'라고 물어보시기에 '아직 배우지 못했습니다'라고 대답하니, '시를 배우지 않으면 남과 말을 할 수가 없다'라고 말씀하셨습니다. 그래서 나는 물러나와 시를 배웠습니다.

다른 날, 또 홀로 서 계실 때 종종걸음으로 뜰을 지나가는데, 아버님께서 '예를 배웠느냐?'하고 물어보셔서 '아직 배우지 못했습니다'라고 대답하니, '예를 배우지 않으면 설 수가 없다'라고 말씀하셨습니다. 그래서 나는 물러나와 예를 배웠습니다. 나는 이 두 가지를 들었습니다."

진강은 물러나와 기뻐하면서 말했다. "하나를 물어보아 세 가지를 얻었다. 시를 듣고 예를 들었으며, 또 군자는 그 자식을 멀리하(다른 제자들과 마찬가지로 대하)는 것을 들었다."

〈계씨〉 제13장

陳亢 問於伯魚曰 子亦有異聞乎 對曰 未也 嘗獨立 鯉趨而過庭 曰
學詩乎 對曰 未也 不學詩 無以言 鯉退而學詩 他日 又獨立
鯉趨而過庭 曰 學禮乎 對曰 未也 不學禮 無以立 鯉退而學禮

聞斯二者 陳亢 退而喜曰 問一得三 聞詩聞禮 又聞君子之遠其子也
진강 문어백어왈 자역유이문호 대왈 미야 상독립 리추이과정 왈
학시호 대왈 미야 불학시 무이언 리퇴이학시 타일 우독립
리추이과정 왈 학례호 대왈 미야 불학례 무이립 리퇴이학례
문사이자 진강 퇴이희왈 문일득삼 문시문례 우문군자지원기자야

백어는 공자의 아들 공리(孔鯉)다. 진강은 자공의 제자로, 공자의
아들은 무언가 특별한 교육을 받을 거라고 생각해 공리에게 특별
한 가르침을 받은 것이 있냐고 물었다. 그러자 공리는 특별한 가르
침을 받은 것은 없고 '시'와 '예'를 배웠느냐고 공자가 묻기에 물러
나와 시와 예를 배웠다고 대답했다.

　위의 내용을 통해 공자는 시와 예를 강조했음을 알 수 있다. 시
를 배워야 감정을 알고 언어를 익혀 다른 사람들과 적절하게 소통
할 수 있고, 예를 배워야 예의를 지켜 사람들과 좋은 관계를 맺고
사람답게 살 수 있기 때문이다. 즉, 말과 행동을 올바르게 할 수 있
게 되는 것이다.

　옛사람들은 시(詩)를 매우 중시했다. 중국의 경우 당나라 때 공직
선발 시험인 과거에 시가 포함되어 시의 전성시대가 열렸다. 이백
과 두보와 같은 대시인이 이때 탄생했다. 우리나라의 조선 시대에
는 어린이가 배우는 교재에 시가 포함되었다. 조선의 교육법을 소
개한《조선의 밥상머리 교육》을 보면 "조선시대에는 아이가 태어
나 5~6세(유치원에 다닐 나이)가 되면 서당에 보내어《천자문》을 배

우는 것으로 학교 공부를 시작했다. 아이가 한자를 조금 익히게 되면《추구》와 같은 한시 입문서를 가르쳤다"고 말한다.

교육의 대가인 공자 또한 시를 강조했다. 〈양화〉 제9장을 보면 공자는 다음과 같이 말했다. "너희는 어찌 시를 배우지 않느냐? 시는 감흥을 돋우게 하고, 사물을 보는 눈을 키워주고, 사람들과 어울릴 수 있게 하고, 비판할 수 있게 하는 것이다. 가까이는 어버이를 바르게 섬기게 하고, 멀리는 임금을 섬기게 하며, 또한 새와 짐승, 풀과 나무의 이름에 대하여 많은 지식을 얻게 한다."

시의 효용성이 일목요연하게 설명되어 있는 구절이다.

또한 〈태백〉 제8장에는 시와 예, 악의 효용성을 말하는 내용이 있다. "시를 통해 감흥을 일으키고, 예를 통해 사람의 도리를 바로 세우며, 음악을 통해 수양과 학문의 완성을 이룬다."

지금은 예전과 달리 시의 위상이 많이 약하지만 공자의 말씀처럼 어렸을 때부터 시를 교육하는 것은 정서적인 발달을 위해 중요하다. 우리는 삭막한 현실에서 시를 읽으며 감성을 일으키고 심신의 안정을 얻을 수 있다.

또한 위의 내용을 통해 공자의 언행일치를 엿볼 수 있다. 공자는 자기 자식을 편애하지 않고 다른 제자들과 똑같이 가르쳤다. 그래서 진강이 "군자는 자기 자식을 다른 제자들과 마찬가지로 대한다"라고 말한 것이다.

자기 자식에게 함부로 대한다고 교사를 욕하고 괴롭히는 사건,

고위 공직자 자녀들의 일탈행위가 빈번한 세태 속에서 공자의 위와 같은 솔선수범은 극기복례가 무엇인지를 잘 보여주고 있다.

한 줄 필사

不學詩無以言 不學禮無以立

경쟁에서 속도보다
정확한 방향을 잃지 말자

공자가 활쏘기의 도에 대해 말했다. "활을 쏠 때 표적의 가죽을 뚫는 것을 중요시하지 않는 이유는 활 쏘는 사람의 힘이 동등하지 않기 때문이다. 이것이 선조들의 활을 쏘는 도다."

〈팔일〉 제16장

子曰 射不主皮 爲力不同科 古之道也

자왈 사부주피 위력부동과 고지도야

활은 사냥이나 전쟁과 같은 상황에서는 명중시키는 정확성과 목표물을 꿰뚫는 힘이 필요하다. 그러나 몸과 마음을 수행하는 활쏘기에서 중요한 것은 목표에 명중하는 정확성이지 가죽을 꿰뚫는 힘의 세기가 아니다.

공자가 살던 당시의 시대상은 주나라가 쇠락하고 예가 무너져 각국이 세력을 확장하려는 목적으로 전쟁이 빈번하게 일어났다. 그에 따라 활쏘기에서도 과녁을 꿰뚫을 수 있는지 그 힘의 세기를 중시했다. 그래서 공자가 그러한 사회적 분위기를 탄식하며 선조들의 활쏘기의 도에 대해 말하고 있다.

우리는 경쟁에 매몰되면 본래의 목적을 쉽게 잃어버린다. 활쏘기의 목적은 원래 과녁의 적중에 있지만, 경쟁이 과열되면 활쏘기가 과녁을 뚫는지 아닌지의 힘자랑으로 변질된다.

우리의 삶도 마찬가지다. 활을 쏘는 사람들의 힘이 저마다 다르듯이 우리는 저마다 다른 성향과 능력을 갖고 태어난다. 그래서 자신에게 맞는 인생의 속도와 방향이 각각 다르다. 그런데 현대는 무한경쟁과 속도의 시대이기에 우리는 어렸을 때부터 경쟁의 장으로 내몰리며 자신의 길과 속도대로 달리기보다 사회가 만들어놓은 길을 따라 다 같이 질주하며 내달린다.

이렇게 되면 그 길이 자신에게 맞는 길인지 돌아볼 시간적 여유가 없어 자신에게 맞지 않는 길이어도 그냥 그 길을 따라가기만 한다. 그러면 결과적으로 완전히 잘못된 목적지에 도착하게 되고 삶은 피폐해진다. 또 경쟁 레이스에서 남들의 속도를 따라가지 못하는 사람들은 실패자가 되고, 어떤 사람들은 완전히 탈락해 삶을 포기해버리기도 한다.

원래 삶은 자신을 완성해가는 과정이지만, 남들과의 경쟁에 매몰되다보면 진정한 목적은 잊어버리고 앞서야 한다는 속도에 대한 강박으로 인해 가장 중요한 삶의 올바른 방향을 잃어버리게 된다.

활쏘기에서 가장 중요한 것은 정밀함과 집중력이다. 정밀함과 집중력의 수준이 높을수록 활이 과녁에 명중하게 된다. 우리 삶에서 중요한 것도 바로 정밀함과 집중이다. 빨리빨리 성공하고 남들보다 앞서는 것은 인생을 길게 보았을 때 그다지 중요하지 않다. 자신이 타고난 것은 무엇인지, 자신이 잘하는 것은 무엇인지, 자신의 성향은 무엇인지 정확하게 아는 정밀함은 삶의 올바른 방향을 결정할 수 있다. 그리고 그것을 안다면 그 방향을 따라 집중해서 나아가면 된다.

수학계의 노벨상이라 불리는 필즈상을 수상한 허준이 교수는 필즈상을 수상하고 나서 소감을 이렇게 말했다. "제가 걸어온 길이 구불구불하기는 했지만, 저한테는 그게 가장 좋고, 빠르고, 최적화된 길이었던 것 같아요."

직선이 아니라 구불구불한 길이라 할지라도 자신의 길이라면 아무리 오래 걸리더라도 결국에는 자신만의 성공의 고지에 도달할 수 있다. 맞지 않는 길, 잘못된 길을 빠르게 달리는 것보다 자신에게 맞는 방향을 정확하게 찾아 그 길을 최선을 다해 걸어가보자.

한 줄 필사

射不主皮 爲力不同科

세상에 절대로 맞는 것과
반드시 틀린 것은 없다

공자가 말했다. "군자는 세상의 일에 있어 어떤 것이 오로지 그래야 한다고 주장하지 않으며, 무조건 그르다고 주장하지도 않는다. 다만 의와 함께하고 따를 뿐이다."

〈이인〉 제10장
子曰 君子之於天下也 無適也 無莫也 義之與比
자왈 군자지어천하야 무적야 무막야 의지여비

공자는 군자는 극단적으로 어떤 것이 반드시 옳다거나 또는 절대로 틀리다고 주장하지 말아야 하며, 정의로움에 기준해 판단을 내려야 한다고 말하고 있다.

공자 자신도 삶에서 네 가지를 하지 않았다. 〈자한〉 제4장에 따르면 공자는 "억측하지 않았고, 틀림없이 그렇다고 단언하지 않았으며, 절대 하지 않겠다고 아집에 얽매이지 않았고, 자신만 옳다고 내세우지 않았다."

세상의 모든 것은 양면을 갖고 있으며, 만물은 끊임없이 변화한다. 그래서 완전하게 옳고 좋은 것도 없으며, 또 반대로 전적으로 나쁘고 좋지 않은 것도 없다. 중용의 자세로 때, 장소, 상대, 상황에 맞게 적절하게 행동하는 것이 삶의 지혜다. 무조건 그렇다고 하는 것은 곧 집착이고 지나침이 된다. 이러한 아집과 집착은 우리 삶에도, 사회질서에도 도움이 되지 않는다.

가정에서 '나는 부모로서 너를 책임지고 있으니 너는 자식으로서 무조건 내 말을 들어야 해'라는 부모의 강압적 태도는 자식과의 소통을 가로막는다. 또 직장에서 '나는 이 분야에서 산전수전 다 겪은 몸이야. 내 말이 곧 길이야'라는 권위주의적 상사의 생각은 부하직원들의 불만을 야기하고 반발심을 불러일으킬 수 있다. 나만 옳다는 독단과 독선이 지나치면 상대를 자기 마음대로 조종하고 싶어 하는 가스라이팅이 될 수도 있다. 마음에서 우러나오는 것이 아니라 강요에 의한 복종심과 충성심은 작은 충격에도 허물어져버리는 사상누각과 같아서 좋은 관계 형성에 도움이 되지 않는다.

또 사회에 만연한 차별과 지역감정, 혐오 등은 모두 무조건 옳다거나 무조건 틀렸다는 편견과 편 가르기로 인한 것이다. '나는 옳고 너는 틀리다'라는 생각의 밑바탕에는 보통 이익(利)이 자리하고 있다. 나의 이익에 부합하면 무조건 옳은 것이고, 나의 이익에 반하면 절대적으로 틀리다고 생각하는 것이다. 그 대표적인 것이 이데

올로기다. 이것은 다수의 이익과 행복이 기준이 아니라 어느 특정 집단의 이익이 기준일 때가 대부분이다. 그래서 언제나 분열과 갈등을 조장하게 된다.

그렇다면 아집과 독선, 독단, 자만에 빠지지 않기 위해서 무엇을 행동의 기준으로 삼아야 할까?

공자는 의(義)를 기준으로 판단하고 행동하라고 말했다. 삶에서 나와 내 가족은 가장 소중한 존재이지만, 우리는 사회라는 공동체 안에서 살아갈 수밖에 없다. 그래서 나와 내 가족의 이익과 행복이 소중한 만큼 나의 가까운 사람들, 더 나아가 함께 살아가는 다수의 이익과 행복을 소중히 여겨야 한다. 그리고 그것을 지켜주는 정의로움을 실천하는 자세가 필요하다.

한 줄 필사

君子之於天下也 無適也 無莫也 義之與比

삶에서 지녀야 할 세 가지 덕

공자가 말했다. "지혜로운 사람은 미혹되지 않고, 인한 사람은 근심하지 않으며, 용맹한 사람은 두려워하지 않는다."

〈자한〉 제28장
子曰 知者不惑 仁者不憂 勇者不懼
자왈 지자불혹 인자불우 용자불구

지혜가 생겨서 세상일에 밝아지면 일을 처리할 때 우왕좌왕하거나 의심하지 않게 된다. 인덕을 갖춘 사람은 남들에게 사랑을 베풀고, 자신만을 위한 욕심이 없기 때문에 양심에 거리낄 만한 일이 없어 근심하지 않는다. 또한 용맹한 성품은 의로운 마음에서 비롯되므로 의롭지 못한 것에 대응할 때 두려워하지 않고 나서게 한다. 이 것이 지인용(知仁勇)이다.

〈헌문〉 제30장을 보면, 공자는 이것이 군자의 세 가지 도(道)라고 말했다. "군자의 도가 세 가지가 있는데 나는 그중에 잘할 수 있는 것이 없다. 어진 사람은 근심하지 않고, 지혜로운 사람은 미혹되지 않으며, 용감한 사람은 두려워하지 않는다."

사실 인(仁)을 갖춘 사람은 사심과 사욕에 얽매이지 않고 지혜롭게 판단하고, 정의롭게 행동하므로 인에 이르면 지(知)와 용(勇)도 함께 갖추고 있다고 볼 수 있다. 그래서 우리 자신 안에 있는 인을 일깨우기 위해 끊임없이 좋은 내용들을 공부하며 수양에 힘써야 한다.

《중용》제20장에서도 지인용을 달덕(達德)이라고 이르며 중요한 덕으로 강조하고 있다. "知, 仁, 勇 이 세 가지는 세상의 모든 사람이 지녀야 할 덕이다. 이것을 실천하게 하는 근본은 하나다."

달덕이란 덕목 중에서도 모든 사람이 지녀야 할 중요한 덕을 말한다.

지(知)란 지혜를 말한다. 우리는 살아가면서 옳은 판단을 내리고 옳은 선택을 하기 위해서 지혜가 필요하다. 지식을 많이 쌓으면 지혜가 될 수 있지만, 지식이 많다고 해서 꼭 지혜로운 것은 아니다. 뉴스를 보면 고학력의 전문직을 가진 사람들이 자신의 일시적인 이익을 위해 사기를 치고, 자신의 자존심을 건드렸다는 이유로 잔혹하게 살인을 벌여 남들이 부러워하는 좋은 직장과 직업을 갖고 있음에도 한순간에 나락으로 떨어지는 사건을 수없이 보게 된다.

머릿속에 지식이 아무리 많이 들어 있어도 그것을 융합해 사물의 이치를 관통하는 능력을 터득해야 지혜가 생겨난다. 만약 어떤 순간에 내가 하는 선택이 어떠한 결과를 가져올지 이치를 따져 판단할 수 있다면 우리는 좀 더 나은 판단과 선택을 할 수 있을 것이다. 하지만 단편적으로 눈앞의 이익을 따르거나 당장의 욕구와 욕망을 만족시켜주는 선택을 하면 많은 경우 좋지 않은 결과를 불러올 수 있다. 그래서 삶을 잘 살아나가기 위해서는 많은 지식보다는 일의 처음과 끝을 꿰뚫어보고 하나를 보면 열을 유추할 수 있는 일이관지의 지혜가 필요하다. 이것은 지식에 경험과 실천이 더해질 때 얻을 수 있는 것이다.

인(仁)은 타인을 사랑하고 이해하고 공감하는 마음이다.

〈양화〉제6장을 보면, 공자는 다섯 가지를 세상에 행할 수 있으면 인이 된다고 말했다. 제자인 자장이 그 내용을 묻자 이렇게 말했다. "공손함, 관대함, 신뢰, 민첩함, 은혜로움이 그것이다. 공손하면 모욕을 당하지 않고, 관대하면 사람들을 얻게 되고, 신뢰가 있으면 사람들이 의지하게 되고, 민첩하면 공을 세울 수 있으며, 은혜를 베풀면 충분히 사람을 부릴 수 있다."

이 다섯 가지를 실천한다면 어느 곳에 가더라도 사람들과 화합할 수 있고, 그것이 일에서도 큰 성과를 가져올 수 있다.

용(勇)은 자신이 옳다고 여기는 신념이나 가치를 행동으로 옮기게 한다. 삶에서 사람들을 움직이게 하는 대부분의 동기는 이익(利)이다. 그래서 자신이 옳다고 믿는 것을 지키고 행동으로 옮기는 데에는 용기가 필요할 때가 많다. 만약 선택을 했다면 그것을 실행하도록 이끄는 용기가 필요하다.

우리의 삶은 치열한 전쟁과도 같다. 지인용을 통해 덕을 쌓고 베풂을 실천하면 이것은 어디에서든 나 자신을 지켜주는 힘이 되어줄 것이다.

한 줄 필사

知者不惑 仁者不憂 勇者不懼

모름을 인식하는 것이
앎의 시작이다

◈◈◈

공자가 말했다. "유야 너에게 안다는 것에 대하여 가르쳐 주겠다. 아는 것을 안다고 하고 모르는 것을 모른다고 하는 것, 이것이 바로 아는 것이다."

〈위정〉제17장
子曰 由 誨女知之乎 知之爲知之 不知爲不知 是知也
자왈 유 회여지지호 지지위지지 부지위부지 시지야

유(由)는 자로의 이름이다. 자로는 성품이 용맹하고 불의를 용서하지 않았지만, 한편으로 참을성이 부족하고 앞일을 생각하지 않고 행동하는 성격이었다.

자로는 그의 죽음에서도 그의 성격을 엿볼 수 있다. 위나라에 내란이 일어났을 때 자로는 위나라에서 읍재를 맡고 있었는데, 검객의 칼에 의해 관(冠)의 끈이 끊어져서 관이 바닥에 떨어지자 "군자는 죽더라도 관을 벗을 수 없다!"고 말하며 관을 다시 쓰고 끈을 매다가 칼에 찔려 죽음을 맞이했다. 충직하고 대의를 중시하는 그의 곧은 성품을 엿볼 수 있지만, 또 한편으로 그의 무모한 성격을 엿볼 수 있다.

《논어》를 보면 공자는 자로가 강직하고 충성스럽지만, 한편으로 융통성이 부족하고 무모한 면이 많아서 자신이 아끼는 제자임에도 그를 꾸짖거나 일깨우는 말을 많이 했다. 나서기 좋아하는 자로에게 공자는 아는 것이 무엇인지 위와 같은 가르침을 주고 있다.

그런데 요즘 '메타인지'라고 하여 자신이 아는 것과 알지 못하는 것을 구분하는 능력이 매우 중요해지고 있다. 자신이 무엇을 알고 모르는지를 알게 되면 자신의 부족한 점을 파악할 수 있다. 그러면 자신이 아는 것 이외에 모르는 것이나 부족한 점을 보충하는 데 시간과 노력을 집중할 수 있어 효율성이 높아지고 자신의 발전에도 크게 도움이 된다.

특히 온라인으로 인해 쏟아지는 정보의 홍수 속에서 메타인지는 중요한 능력이 되었다. 정보 중에는 유익한 정보도 많지만 잘못된 정보도 많기에 유익한 정보와 가짜 정보를 가려낼 수 있는 능력이 필요하다. 정보를 스스로 판단할 수 있는 지혜가 쌓이면 일 처리 능력과 문제해결 능력은 자연스럽게 높아지게 된다.

요즘은 자고 일어나면 새로운 지식과 정보가 늘어나고, 새로운 기술들이 쏟아져나오므로 끊임없이 배우고 공부하지 않으면 도태되기 쉽다. 특히 신기술 관련 지식은 나이가 많은 사람들보다 어리거나 젊은 사람들이 정보가 빠르고 익숙한 경우가 많다. 직장에서도 컴퓨터나 모바일 관련 지식과 기술은 젊은 사람들이 더 능숙하다. 그래서 상사라고 해도 부하직원에게 배워야 하는 경우가 있을 수 있다. 그러나 상사의 입장에서 부하직원 앞에서 자신이 모르는 것을 솔직히 말하고 배우는 것은 결코 쉽지가 않다. 이럴 때는 사실 용기가 필요하다. 하지만 자신이 모른다는 것을 인정하고 솔직하게 밝히면 배움의 기회를 얻을 수 있고, 자신이 무엇을 모르고 있는지 정확하게 파악할 수 있어 오히려 발전의 기회가 될 수 있다.

잘 알지 못하면서 아는 척하는 것은 대단한 교만이고 위선일 뿐이다. "독서의 길은 영원하다"라는 김형석 교수님의 말처럼 배움은 그 끝이 없다. 그래서 제대로 알고 있는 사람은 사람들 앞에서 함부로 아는 척하거나 뽐내지 않는다.

〈자장〉 제5장에서는 다음과 같이 말한다. "날마다 자신이 모르는 것을 알아가며, 달마다 자신이 잘할 수 있는 것을 잊지 않는다면, 배우기를 좋아한다고 할 만하다."

자신이 아는 것은 더욱 발전시키고, 모르는 것은 끊임없이 배워가는 겸손함은 자신을 발전시키는 원동력이 된다.

知之爲知之 不知爲不知 是知也

굳건한 가치관을 갖고
유연한 지혜를 발휘하자

━━━━━━━━━━ ◈◈◈ ━━━━━━━━━━

공자가 말했다. "지혜로운 사람은 물을 좋아하고, 인한 사람은 산을 좋아한다. 지혜로운 사람은 동적이고, 인한 사람은 정적이다. 지혜로운 사람은 즐기며 살고, 인한 사람은 장수한다."

〈옹야〉 제21장
子曰 知者樂水 仁者樂山 知者動 仁者靜 知者樂 仁者壽
자왈 지자요수 인자요산 지자동 인자정 지자락 인자수

공자의 말은 지혜는 흐르는 물과 같이 고정되지 않고 유동적이며, 인자한 사랑의 마음은 변하지 않는 가치로서 무게감을 가지며 산과 같이 중후하다는 의미다. 지혜가 있는 사람은 어떤 일을 할 때 한 가지 방법만을 고집하지 않고 융통성을 발휘하여 행동한다. 어진 마음을 가진 사람은 환경에 따라 조변석개하지 않고 도의를 따르며 한결같다. 따라서 지혜는 다양하게 변할 수 있기 때문에 동적인 것이 되고, 인은 변함이 없기 때문에 정적인 것이 된다. 또한 인은 변하지 않는 영원한 진리로서 장수한다고 하였고, 지혜는 상황에 따라 최상의 결과를 위해 유동적으로 변화하고 주위 환경과 쉽게 조화를 이룬다는 점에서 즐긴다고 한 것이다.

《공자가어》에는 공자가 제자들에게 지혜로운 자와 인한 자에 대해 묻는 내용이 있다.

공자가 물었다. "지혜로운 자는 어떠하며 인한 자는 어떠하냐?" 자로가 대답했다. "지혜로운 자는 남이 자신을 알게 하고, 인한 자는 남이 자신을 사랑하도록 만듭니다." 공자가 말했다. "선비라고 할 만하다."

자로가 나가고 자공이 들어오자 공자가 똑같은 질문을 했다. 자공이 대답했다. "지혜로운 자는 남을 알고, 어진 자는 남을 사랑합니다." 그러자 공자가 말했다. "선비라고 할 만하다."

자공이 나가고 안회가 들어오자 공자가 또 같은 질문을 했다. 안회가 대답했다. "지혜로운 자는 자신을 알고, 인한 자는 자신을 사랑합니다." 공자가 말했다. "사군자라 할 만하다."

남을 사랑하고 공감하는 인한 마음은 자신으로부터 시작되어야 한다. 자신을 사랑하지 못하는 사람은 남도 사랑할 수 없기 때문이다. 또 공감은 자신의 마음으로 미루어 남의 마음을 헤아리는 마음이다. 그래서 공자는 안회의 대답을 듣고 군자라 할 수 있다고 말한 것이다.

우리는 물을 통해 조화와 융통성, 변화의 지혜를 배울 수 있다.

또 산의 존재감을 보면서 변화무쌍한 세상 속에서 가장 중요한 가치와 고정불변의 진리를 지키는 마음가짐을 배울 수 있다. 중심이 되는 산과 같은 굳건한 가치관을 갖고 상황에 따라 유연하게 흐르는 물과 같은 지혜를 겸비한다면 이는 서로 보완하는 관계가 되어 우리가 삶에서 균형을 유지할 수 있도록 이끌어줄 것이다.

한 줄 필사

知者樂水 仁者樂山

知者動 仁者靜 知者樂 仁者壽

관계를 끈끈하게 연결하는 것은
이익보다 신뢰

◈◈◈

공자가 말했다. "사람으로서 신의가 없으면 그런 사람이 무엇을 할 수 있는지 모르겠다. 큰 수레에 끌채 끝 쐐기가 없고, 작은 수레에 멍에막이가 없다면 어떻게 움직일 수 있겠는가?"

〈위정〉 제22장
子曰 人而無信 不知其可也 大車無輗 小車無軏 其何以行之哉
자왈 인이무신 부지기가야 대거무예 소거무월 기하이행지재

큰 수레는 소가 끄는 짐을 싣는 수레를 말한다. 끌채 끝 쐐기는 끌채 끝에 가로로 댄 나무인데 멍에에 묶어서 소와 수레를 연결한다. 작은 수레는 말이 끄는 타는 수레를 말한다. 멍에막이는 멍에 끝에 있는 위로 굽은 것으로 가로댄 멍에에 걸어서 말과 수레를 연결한다. 끌채 끝 쐐기와 멍에막이는 소, 말과 수레를 연결하는 연결점으로 이를 통해 소와 말을 부려 수레를 운행할 수 있게 된다.

끌채 끝 쐐기와 멍에막이가 각 동물과 수레의 연결점이 되어 수

레의 운행을 가능하게 하듯이 사람과 사람 사이에도 서로를 연결해주는 핵심고리가 필요하다. 그것이 바로 신뢰(信)다.

가정, 직장, 사회, 국가라는 모든 조직은 이러한 신뢰라는 연결고리가 튼튼해야 존립할 수 있으며, 일이 순조롭게 진행되어 안정적으로 유지될 수 있다. 만약 구성원 간에 신뢰가 무너지면 그 조직은 매우 위태롭게 된다.

가정에서도 가족 간의 신뢰는 행복한 가정을 만들기 위한 가장 중요한 요소다. 텔레비전에서 진행되는 부부상담 프로그램을 보면 부부 간의 불화의 원인은 대부분 신뢰가 깨진 것에서 비롯된다. 부부 사이에 신뢰가 깨지면 소통이 단절되고, 서로 원활한 대화가 이루어지지 않으면 서로를 이해할 수 없으므로 이는 불화와 갈등으로 이어진다. 부부가 불화와 갈등을 겪으면 그것은 자녀들에게도 영향을 미치므로 그 가정에는 안정감과 행복감이 있을 수 없다. 이렇게 되면 삶에서 든든한 지원군이 되어야 하는 가족은 제 역할을 하지 못하고 가족이 서로에게 짐이 될 수도 있다. 그래서 신뢰는 가장 가까운 가족과의 관계에서부터 반드시 형성되어야 한다.

이는 기업과 국가도 마찬가지다. 〈안연〉 제7장을 보면 정치란 백성의 신뢰를 얻는 것이라고 말한다. 자공이 정사에 대해 묻자 공자가 대답했다. "양식을 풍족하게 하고, 군대를 튼튼히 하고, 백성의 신뢰를 얻는 것이다." 자공이 "부득이하게 버려야 한다면, 이 세 가지 중에 무엇을 먼저 버려야 합니까?"라고 물었다. 그러자 공자가

"군대를 버려야 한다"고 대답했다. 자공이 다시 "부득이하게 버려야 한다면, 양식과 백성의 신뢰 중에 무엇을 먼저 버려야 합니까"라고 물었다. 그러자 공자가 다음과 같이 말했다. "양식을 버려야 한다. 예로부터 누구나 죽게 마련이지만, 백성의 신뢰가 없다면 나라가 존립할 수가 없다."

정치에서 무엇이 가장 중요한지를 핵심적으로 보여주는 내용이다. 나라가 발전하기 위해서는 경제와 국방은 매우 중요한 요소다. 그러나 이것도 국민의 신뢰와 지지가 있어야 제대로 돌아갈 수 있다. 우리의 역사를 보아도 지도자나 일부 정치인들이 개인의 사익을 위해 진행한 제도나 사업은 국민의 지지를 얻지 못해 폐기되거나 완전히 사라진 경우가 매우 많다. 그래서 정치는 무엇보다 국민의 신뢰를 얻는 것이 가장 중요한 일이다.

힘이 좋고 훌륭한 소와 말이 있어도 그것을 수레에 연결해주는 끌채 끝 쐐기와 멍에막이라는 연결점이 없다면 짐을 실어나르고 사람을 태우는 수레가 되지 못하듯이 아무리 뛰어난 능력과 실력을 갖추고 있어도 구성원들의 신뢰와 지지, 협조를 얻지 못하면 그 능력을 발휘할 수가 없다. 가장 먼저 삶의 든든한 지원군이 되어야 하는 내 가족은 어떠한지 돌아보자. 나는 그들을 믿고 그들은 나를 신뢰하고 있는가?

人而無信 不知其可也

능력을 빛나게 하는 것은 인격이다

공자가 말했다. "잘 달리는 말을 칭찬하는 것은 그 힘을 칭찬하는 것이 아니라 말의 역할을 잘하는 그 덕을 칭찬하는 것이다."

〈헌문〉 제35장
子曰 驥 不稱其力 稱其德也
자왈 기 불칭기력 칭기덕야

힘이 세고 거친 야생마가 잘 달리는 준마가 되기 위해서는 조련을 통해 길들여지는 과정이 필요하다. 야생마는 거친 야생성을 훈련을 통해 제어하고 유순함을 길러 주인과 호흡을 맞추며, 근력과 지구력을 길러 잘 달리는 준마로서의 역할을 다하게 된다. 그래서 공자는 그 힘이 아니라 혹독한 훈련을 이겨내고 잘 달리는 준마의 자격을 갖추게 된 그 덕을 칭찬한다고 한 것이다.

　말은 힘이라는 능력을 갖추고 있지만, 잘 달리는 말로서의 자격을 갖추기 위해서는 다양한 훈련을 거쳐야 한다. 이것은 우리도 마찬가지다. 우리는 저마다 재능을 갖고 있지만, 사회에 나가 자신의 재능을 펼치고 능력을 발휘해 제 역할을 다하기 위해서는 야생마가 준마가 되는 과정이 필요하듯이 자신의 재능을 돋보이도록 하기 위한 갈고닦음의 과정을 거쳐야 한다. 교사는 학생들을 가르치는 역할을 하기 위해 그에 필요한 공부를 하고 시험을 보고 실습을 나가 훈련을 하면서 교사로서의 자격을 갖추게 된다. 의사와 변호사 등도 마찬가지다. 의사와 변호사로서의 역할을 하기 위한 공부를 하고 국가시험을 거쳐 자격증을 따야 자격을 갖추어 의사와 변호사가 될 수 있다. 사회에 필요한 인재가 되기 위해서는 그에 걸맞은 자격을 갖추기 위한 피나는 노력과 인고의 과정이 필요하다.

하지만 자신의 재능과 능력을 제대로 펼치기 위해서는 그것을 빛나게 해줄 인성이라는 덕(德)을 함께 갖추어야 한다. 말이 달리는 능력이 아무리 뛰어나다고 하더라도 주인이 탈 수 없을 정도로 난폭하다면 그 말은 말로서의 역할을 다할 수가 없다.

우리의 사회 조직에서도 마찬가지다. 직장에서 능력은 매우 뛰어나지만, 사람들과 화합하지 못하고 제멋대로 행동하는 사람들을 볼 수 있다. 그들은 단기적으로는 두드러진 성과를 보여주지만, 시간이 흐르면서 상사나 동료들과 화합이 되지 않아 갈등을 일으킨다. 그러면 결국에는 조직에서 배제되고 만다. 세상에서 잘 쓰이는 인재가 되기 위해서는 출중한 능력만으로는 부족하다. 능력을 뒷받침해줄 수 있는 덕성을 함께 갖추고 있어야 많은 사람에게 진정으로 인정을 받아 그 능력을 충분히 발휘할 수 있게 된다.

한 줄 필사

驥 不稱其力 稱其德也

상호존중은 질서를 세우는 주춧돌이다

제경공이 공자에게 정사를 묻자 공자가 대답했다. "군주는 군주다워야 하고, 신하는 신하다워야 하며, 어버이는 어버이다워야 하며, 자식은 자식다워야 합니다." 제경공이 말했다. "좋은 말씀입니다! 진실로 군주가 군주답지 못하고, 신하가 신하답지 못하고, 어버이가 어버이답지 못하고, 자식이 자식답지 못하면 비록 곡식이 있다고 해도 내가 어찌 그것을 먹을 수 있겠습니까?"

〈안연〉제11장
齊景公 問政於孔子 孔子對曰 君君臣臣父父子子
公曰 善哉 信如君不君臣不臣父不父子不子 雖有粟 吾得而食諸
제경공 문정어공자 공자대왈 군군신신부부자자
공왈 선재 신여군불군신불신부불부자부자 수유속 오득이식저

공자가 제나라에 갔을 때 제경공은 권신에게 실권을 빼앗기고 군주 노릇을 제대로 하지 못하고 있었다. 그런 제경공이 정치가 무엇인지를 묻자 공자는 군주는 군주답고 신하는 신하답고 어버이

는 어버이답고 자식은 자식답게 하는 것이라고 말했다. 이는 공자의 정명론(正名論)으로, 이름에 걸맞은 실질이 구비되어야 함을 말한다.

공자가 살던 중국의 춘추전국 시대는 각 제후국이 패권을 차지하기 위해 철저히 이해득실에 따라 움직였으므로 사회가 매우 혼란스러운 약육강식의 시대였다. 도덕이 무너진 사회를 치료하는 처방전으로 공자가 내세운 것은 인(仁), 즉 사랑이었다. 그리고 사회질서의 유지를 위해 정치의 핵심으로 정명(正名)을 내세웠다. 사회 구성원 각자가 자신의 명분에 맞는 역할을 하고 덕을 실천함으로써 올바른 질서를 확립해 사회의 안정을 이루자는 내용이다.

그런데 정명에서 중요한 점은 각자 자신의 본분을 지키면서도 상대방을 사랑과 예의로 대하는 것이다.

한 나라를 대표하는 대통령에게는 그에 맞는 권력을 보장해주고, 대통령은 역할에 걸맞게 국민에 대한 책임과 의무를 다해야 한다. 상사는 부하직원에게 직무에 대한 권한을 보장해주고, 부하직원은 상사를 존중하고 자신이 맡은 임무를 충실히 이행해야 한다. 어버이는 자식을 사랑으로 기르고 양육의 책임을 다하고 자식은 효도로 보답해야 한다. 이러한 상호작용이 원활하게 이루어질 때 그 조직은 질서를 유지하고 안정될 수 있다.

그런데 지금 우리나라의 학교를 보면 마치 춘추전국 시대의 혼란상을 방불케 한다. 학교가 인성을 함양하고 훌륭한 시민이 되기 위한 소양을 기르는 장이 아닌 오로지 좋은 대학을 가고 돈을 많이 벌 수 있는 직업을 갖기 위한 수단이 되고 말았다. 그로 인해 교사와 학생, 학생과 학생, 부모와 교사는 철저한 이익관계가 되어 서로 간에 사랑과 예의는 존재하지 않는다.

학교폭력, 왕따, 학생의 교사 폭행, 학부모들의 도를 넘는 간섭과 폭언 등 학교문제가 갈수록 심각해지고 있다. 이름에 맞는 역할과 도덕이 완전히 무너짐으로써 무질서와 혼란이 극대화되고 있는 모습을 볼 수 있다.

병들어 가고 있는 우리의 학교를 바로 세우기 위한 한 방법은 학생이 학생답고, 교사가 교사다우며, 학부모가 학부모다운 모습을 회복하는 것이다. 학교는 시대의 흐름에 맞추어 지시와 통제, 체벌의 문화를 지양하고 학생들과 소통하고 자율성을 보장해주어야 한다. 또 학생과 학부모들은 교사들의 전문성과 역할을 존중해주어야 한다. 그리고 학생들은 함께 공부하고 정서적으로 큰 영향을 미치는 또래로서 서로 좋은 친구가 되어 건전하고 학구적인 학교 공동체를 만들어가야 한다. 그러한 노력이 뒷받침되지 않는 한 학교문제는 마치 엉킨 실타래처럼 풀리지 않은 채로 남아 있을 것이다.

君君臣臣父父子子

윗물이 맑아야 아랫물도 맑다

━━━ ◈◈◈ ━━━

계강자가 공자에게 정사에 대해 물으며 말했다. "만일 무도한 사람을 죽여서 도가 있는 세상이 되게 한다면 어떻습니까?" 공자가 대답했다. "대부께서는 정사를 하는데 어찌 사람을 죽이는 방법을 사용하려고 하십니까? 대부께서 선하고자 하면, 백성도 선해질 것입니다. 군자의 덕은 바람이고, 소인의 덕은 풀입니다. 풀 위로 바람이 불면 풀은 반드시 바람 부는 대로 눕게 됩니다."

〈안연〉 제19장
季康子問政於孔子曰 如殺無道 以就有道 何如
孔子對曰 子爲政 焉用殺 子欲善 而民 善矣
君子之德 風 小人之德 草 草上之風 必偃
계강자문정어공자왈 여살무도 이취유도 하여
공자대왈 자위정 언용살 자욕선 이민 선의
군자지덕 풍 소인지덕 초 초상지풍 필언

노나라 실권자인 계강자가 정치의 방법으로 무도한 사람들을 사형으로 다스려 백성을 올바른 길로 나아가게 하면 어떻겠냐고 물었다. 그러자 공자는 덕치를 통해 선정을 베풀고 솔선수범하면 백성을 교화할 수 있다고 말하고 있다.

〈위정〉 제20장을 보면 공자는 솔선수범에 대해 구체적으로 말한다. "백성을 대할 때 행동을 바르게 하면 백성이 공경할 것이고, 자신이 부모에게 효도하고 아랫사람에게 자애로우면 백성이 충성하게 되며, 능력 있는 사람을 등용하고 능력이 모자란 사람을 잘 가르친다면 백성이 근면해질 것이다."

이는 국가는 물론 모든 조직과 가정에서도 마찬가지다. 윗사람이 올바르게 행동하고 솔선수범하면 아랫사람의 귀감이 된다.

"자식은 부모의 등을 보고 배운다"라는 말이 있다. 부모가 몸소 실천하며 모범을 보이면 자식에게 자연스레 교육이 되어 자식이 따라서 한다는 의미다. 만약 부모가 자식에게 공부 좀 하라고 말하면서 자신은 매일 드라마만 시청하고, 퇴근 후 소파에 누워 텔레비전만 본다면 그것을 보는 자식은 공부하고 싶은 마음이 저절로 생기지 않는다.

《한비자》에는 '증자살체(曾子殺彘)', 증자가 돼지를 잡다라는 이야기가 있다.

증자의 아내가 시장에 가는데 그 아들이 어머니를 따라가겠다고 울었다. 그러자 증자의 아내가 아이를 달래며 말했다. "돌아가 있어. 시장에 갔다가 오면 너한테 돼지를 잡아줄게."

증자의 아내가 시장에서 돌아왔을 때 증자가 돼지를 잡으려고 했다. 아내가 그 모습을 보고 말리면서 말했다. "애한테 농담으로 한 말일 뿐이에요." 그러자 증자가 말했다. "아이는 이를 농담으로 받아들이지 않소. 어린아이는 지각이 없으니 부모를 의지해 배우고 부모의 가르침을 듣는데 지금 당신이 아이를 속이면 이는 속임을 가르치는 것이오. 어머니가 자식을 속이면 자식은 그 부모를 믿지 못할 것이니 가르침이 이루어질 수 없기 때문이오." 증자는 말을 마치고 돼지를 잡아서 삶았다.

증자의 아내는 아이를 따돌리기 위해 거짓말로 잠시 달랜 것뿐이지만, 만약 갔다 와서 돼지를 잡지 않았다면 아이는 '순간을 모면하기 위해 거짓말을 해도 되는 것이구나'라는 나쁜 행동을 배웠을 것이다. 하지만 증자는 아이와의 약속을 지킴으로써 말한 것을 지키는 신뢰를 가르쳐 주었다.

또한 윗자리에 있는 사람들은 그 영향력을 생각해 매사에 신중을 기하고 모범이 되어야 한다. 우리는 유명인이 작은 언행의 실수로 한순간에 나락으로 떨어지는 모습을 흔히 보게 된다. 그것은 많은 사람이 그 사람을 주목하고 그에 대한 기대치가 있기 때문이다.

《한비자》〈이병〉편에는 의미심장한 이야기가 있다. "월나라 왕 구천이 용맹함을 좋아하자 죽음을 가볍게 여기는 백성이 많아졌고, 초나라의 영왕이 가는 허리를 좋아하자 도성 안에 굶는 사람이 많아졌다. 제나라 환공이 맛있는 음식을 좋아하자 역아는 자신의 장남을 삶아서 바쳤다."

이처럼 지도층이나 유명인의 사회적 영향력은 막강하다. 모 기업의 총수나 유명인이 입고 쓰는 물건들은 언론에 노출되는 즉시 품절될 정도로 큰 인기를 끄는 것을 쉽게 볼 수 있다. 풀 위로 바람이 불면 풀은 바람 부는 대로 눕게 마련이다. 그래서 윗사람은 언제나 자신의 언행이 미칠 영향력을 생각해 신중하게 말하고 행동할 필요가 있다. 또한 말만 앞서는 것이 아니라 행동으로 보여주고, 몸소 실천하는 솔선수범의 자세가 몸에 배어 있어야 한다.

한 줄 필사

君子之德 風 小人之德 草 草上之風 必偃

잘 살아가기 위한 네 가지 방법

◈◈◈

공자가 말했다. "도에 뜻을 두고, 덕에 근거하며, 인에 의지하고, 예에서 노닌다."

〈술이〉 제6장
子曰 志於道 據於德 依於仁 游於藝
자왈 지어도 거어덕 의어인 유어예

공자는 삶을 잘 살아가기 위한 방법으로 위의 네 가지를 제시했다. 삶의 지향점은 도를 향하고, 행동은 덕을 바탕으로 실천하며, 남들과의 관계에서는 사랑하는 마음 즉 인을 바탕으로 나누고 베풀며, 육예를 익혀 삶을 즐기며 살라는 의미다.

도는 공자가 삶에서 추구한 목표이자 지향점이었다. 〈위령공〉 제31장을 보면 공자는 다음과 같이 말했다. "군자는 도에 뜻을 두지 먹는 것에 뜻을 두지 않는다. 농사를 지어도 굶주릴 때가 있지만, 배우면 관직을 얻어 녹봉을 받을 수 있게 된다. 군자는 도를 걱정하지 가난을 걱정하지 않는다."

여기에서의 도(道)란 인간이 삶에서 지켜야 하는 올바른 도리를 말한다. 도를 추구해 도덕심을 갖추면 일상생활에서 도덕에 근거해 바르게 행동하고 실천해야 한다. 그렇게 되면 인간을 향한 사랑과 예의의 마음, 인(仁)이 떠나지 않게 된다. 인한 마음을 바탕으로 사리사욕을 제어하고 사람들에게 베풀고 나누는 삶을 실천하면 인간관계가 원만해진다.

위에서 말하는 예(藝)는 육예를 말한다. 육예란 예(禮, 예절), 악(樂, 음악), 사(射, 활쏘기), 어(御, 말타기), 서(書, 글쓰기), 수(數, 산수)를 말한다. 옛사람들은 교육에서 지덕체의 균형을 중시했다. 《주례》의 〈대사도〉편을 보면 선비라면 반드시 배워야 할 것으로 '육예'를 제시하고 있다. 우리나라 조선시대의 교과목에도 육예가 포함되어 있다.

위의 공자의 말씀은 공자가 우리에게 알려주는 어떻게 살아야 하는지에 대한 이상적인 삶의 길이기도 하다.

한 줄 필사

志於道 據於德 依於仁 游於藝

우리는 누구나
선한 마음을 지니고 있다

━━━━━━━━━━━◇◇◇━━━━━━━━━━━

공자가 말했다. "인이 멀리 있는가? 내가 인하고자 하면 인이 당장 이르는 것이다."

〈술이〉제29장
子曰 仁遠乎哉 我欲仁 斯仁 至矣
자왈 인원호재 아욕인 사인 지의

공자는 우리가 인하고자 하는 의지가 있다면 인을 행할 수 있다고 말한다. 그것은 우리 내면에 존재하고 있는 마음의 덕(德)이기 때문이다. 그래서 공자는 "인을 행하는 것은 자기 자신에게 달려 있는 것이지 어찌 남에게 달려 있는 것이겠는가?"라고 말했다.

맹자도 인간의 내면에는 네 가지 선한 마음이 존재한다고 말하며 그것을 '측은지심(惻隱之心)', '수오지심(羞惡之心)', '공경지심(恭敬之心)', '시비지심(是非之心)'이라고 했다. 측은지심은 동정하는 마음, 수오지심은 수치를 느끼는 마음, 공경지심은 공경하는 마음, 시비지심은 시비를 가릴 줄 아는 마음이다. 그리고 측은하게 여기는 마음은 곧 인(仁)이고, 부끄러워하는 마음은 곧 의(義)며, 공경하는 마음은 곧 예(禮)이고, 옳고 그름을 아는 마음은 곧 지(智)라고 했다.

태풍, 지진 등 자연재해로 인해 피해가 발생하면 우리는 성금과 물품을 모아 이재민들을 후원한다. 이것은 우리가 이재민들과 어떤 관계가 있거나 어떤 이익을 위해서가 아니라 그들을 돕고 싶은 마음, 즉 측은지심이 있기 때문이다.

이처럼 우리 안에는 남에게 동점심을 느끼고, 나쁜 행동을 부끄러워할 줄 알며, 윗사람을 공경하며, 옳고 그른 것을 분별해 옳게 행동하는 선한 마음이 존재하고 있다.

그런데 문제는 우리 안에 욕망, 탐욕, 사욕 등의 마음도 존재한다는 점이다. 생존의 욕구는 우리를 좌우하는 가장 강력한 욕구다. 그래서 우리는 자신을 지키기 위한 이기심을 갖고, 남들을 누르고 앞서고 싶어 하는 경쟁심을 갖는다. 학교에서의 경쟁에서부터 시작해 사회에서의 생존경쟁에서 살아남고 이기기 위해 우리는 이익을 쟁취하기 위해 열심히 달린다. 그 과정에서 우리는 내면에 존재하고 있는 인의예지의 선한 마음의 존재를 점차 잊어버리고 살게 된다. 하지만 그 선한 마음을 잃게 되면 마음이 각박해져 마음의 병을 얻거나 삶이 불행해지는 결과를 맞이하기도 한다.

맹자는 다음과 같이 말했다. "인(仁)은 사람의 마음이고, 의(義)는 사람의 길이다. 그 길을 버리고 따라가지 않고, 그 마음을 잃고 찾을 줄도 모르니 슬프도다! 학문의 길은 다른 것이 아니라 잃어버린 그 마음을 다시 찾는 것일 뿐이다."

잃어버린 자신의 선한 마음을 되찾는 방법은 자신의 마음을 자주 들여다보면서 내 마음이 어떠한지 살펴보고, 의식적으로 선한 마음을 회복하고자 노력하는 것이다.

한 줄 필사

仁遠乎哉 我欲仁 斯仁 至矣

정성과 배려는
따뜻한 세상을 만드는 온기

공자가 말했다. "삼아! 나의 도는 하나의 이치로써 모든 것을 꿰뚫고 있다." 증자가 "예"라고 말했다. 공자가 밖으로 나가자 다른 제자들이 증자에게 물어보았다. "무슨 말씀을 하신 것입니까?" 증자가 말했다. "선생님의 도는 자신의 정성과 성실을 다하는 충(忠)과 자신의 마음으로 미루어 남을 생각하는 서(恕)일 뿐입니다."

〈이인〉 제15장
子曰 參乎 吾道一以貫之 曾子曰唯 子出門人問曰 何謂也
曾子曰 夫子之道 忠恕而已矣
자왈 삼호 오도일이관지 증자왈유 자출문인문왈 하위야
증자왈 부자지도 충서이이의

삼(參)은 공자의 제자 증자의 이름이다. 공자가 증자에게 "나의 도는 하나의 이치로 다른 것들을 꿰고 있다"고 말했다. 그러자 증자는 그것을 '나 자신의 정성과 성실을 다하는 충과 내 마음을 미루어 남의 마음을 헤아리는 서'라고 이해했다.

증자는 남무성(지금의 산둥성) 출신으로 공자보다 마흔여섯 살 아래였다. 증자는 공자 사상의 충실한 계승자로, 그의 학통은 자사와 맹자로 이어진다. 증자는 효에 대한 내용을 다룬《효경》의 저자이기도 하다.

충(忠)은 마음의 중심을 잡고 정성과 성실을 다하는 자세로 나에 대한 바른 마음가짐이다. 서(恕)는 자신의 마음과 같이 남의 마음을 생각해 배려하고 관용하는 자세로 타인에 대한 바른 마음가짐이다. 다시 말해, 충과 서는 자신에게 엄격하고 타인에게 관대한 자세라 할 수 있다.

어떤 일을 할 때 자신에게 이익이 되는지 아닌지를 먼저 따지기보다 정성과 성심을 다하면 그 정성은 다른 사람들에게 전해지고, 그것은 궁극적으로 모두를 이롭게 하는 좋은 결과를 가져와 조직 전체의 이익이 된다. 이는 극기복례라 할 수 있다.

자신의 마음으로 미루어 타인을 이해하고 배려하며 관용하는 자세는 인간관계를 원만하게 해주고, 조직에서는 갈등과 분열을 막고 화합을 이끌어낸다. 자신의 이익을 추구하는 것은 인간의 본성으로 인간사회의 갈등과 분열은 상대의 입장과 마음을 헤아리지 않고 각자 자신의 이익과 권리를 주장하고 내세우기 때문이다.

모든 도덕의 바탕에는 자신의 이기심을 제어하고 겸손한 마음으로 성심을 다하며 타인을 배려하고 받아들이는 포용심이 깔려 있다. 이러한 자세는 타인을 사랑하는 인의 마음에서 비롯된다. 이러한 마음가짐을 삶과 인간관계에서 타인에게 베풀고 실천으로 옮겨야 한다. 그래서 공자는 자신의 도는 하나의 이치로 모든 것을 꿰뚫는다고 말했고, 증자는 그것을 충과 서로 이해한 것이다.

세상은 갈수록 치열한 생존경쟁의 장이 되어가고 있지만, 우리 각자의 의지가 있다면 좋은 세상은 결코 멀리 있지 않다. 우리가 서로에게 정성과 배려를 다하는 마음을 갖는다면, 그 따뜻한 마음은 세상을 따뜻하게 데우는 온기가 되어줄 것이다.

한 줄 필사

吾道一以貫之 夫子之道 忠恕而已矣

공감이란 상대의 마음을 들여다보는 것이다

━━━━━━━━━━ ◈◈◈ ━━━━━━━━━━

자공이 물었다. "한마디 말로 평생 실천할 만한 것이 있습니까?" 공자가 말했다. "그것은 서일 것이다. 자기가 원하지 않는 것을 남에게 시키지 않는 것이다."

〈위령공〉 제23장
子貢 問曰 有一言而可以終身行之者乎
子曰 其恕乎 己所不欲 勿施於人
자공 문왈 유일언이가이종신행지자호
자왈 기서호 기소불욕 물시어인

자공이 평생 실천해야 할 태도가 무엇인지 묻자 공자는 그것을 '서 (恕)'라고 대답했다. 그리고 그 한 방법으로 "자신이 하고 싶지 않 은 것을 남에게 시키지 말라"고 말했다

서(恕)는 앞에서 말했듯이 자신의 마음으로 미루어 남을 배려하 고 공감하는 것을 말한다. 내 마음을 미루어 남을 헤아리면 내가 원하지 않고, 하고 싶지 않은 일은 남도 싫을 것이라고 이해할 수

있다. 그래서 내가 하고 싶지 않은 일이라면 남에게 떠넘기지 말아야 한다.

그런데 현실에서는 이것이 결코 쉽지 않다. 직장에서 커피 타기, 청소하기, 복사하기 등은 누구나 하고 싶지 않은 허드렛일에 속한다. 그래서 상사나 윗사람은 힘든 일이나 잡일 등은 보통 아랫사람이나 말단직원에게 시키게 된다. 그러나 고객이 방문했을 때 아랫사람에게 커피를 타오라고 시키는 대신 자신이 직접 타오거나 할 수 있는 잡일은 스스로 하는 상사라면 아랫사람들의 마음을 사게 된다. 아랫사람이 진심으로 상사를 존경하면 그들은 자연스럽게 상사의 말과 지시에 복종하고 어떤 일이든 최대한 협조한다.

또 사람들의 취향은 각자 달라서 나는 싫어하지만 상대방은 좋아할 수도 있고, 나는 좋아하지만 상대방은 싫어할 수도 있다. 인간관계에서 갈등이 생기게 되는 것은 서로의 입장과 생각이 다르기 때문이다. 입장이 다르면 원하는 것이 서로 다르고, 원하는 것이 다르면 마찰이 생기게 된다. 일례로 사람들과 함께하는 술자리는 즐거운 자리지만 술을 마시지 못하는 사람에게는 불편한 자리일 수 있다. 상대가 원하지 않음에도 분위기를 띄운다는 이유로 술을 강제로 권하는 것은 배려가 없는 행동이다.

그래서 나의 마음을 미루어 남을 헤아리는 것과 더불어 다른 사람의 입장에서 생각하는 마음도 필요하다. 그것이 진정한 배려이자 공감대를 형성하는 일이다. 힘든 사람에게 위로를 해주고, 노력하는 사람에게 응원을 해주고, 성공한 사람에게 축하를 해주는 일이 바로 그것이다.

배려와 공감대는 좋은 관계를 형성하고 유지하게 하는 인간관계의 윤활유와 같다.

한 줄 필사

己所不欲 勿施於人

나를 바로 세우는 중요한 가치들이 무엇인지 생각하며
좋은 문구들을 여기에 적어보세요

_____

_____

_____

_____

_____

_____

_____

_____

_____

_____

_____

_____

_____

_____

_____

_____

_____

_____

제2장

흔들리는 삶을 다잡는 길

예의와 겸양의 자세는
남들의 원망을 줄인다

━━━━━━ ◈◈◈ ━━━━━━

공자가 말했다. "예와 겸양으로써 나라를 다스릴 수 있다면 무슨 어려움이 있으며, 예와 겸양으로써 나라를 다스리지 못한다면 예를 안다고 해도 그것이 무슨 소용이 있는가?"

〈이인〉 제13장
子曰 能以禮讓 爲國乎 何有 不能以禮讓爲國 如禮何
자왈 능이예양 위국호 하유 불능이예양위국 여예하

예와 겸양은 모두 겸손한 마음으로 상대를 배려하고 존중하는 자세다. 서로가 그러한 자세로 상대를 대한다면 갈등과 분열, 원망이 생길 일이 많지 않게 된다. 그러면 애써 다스리고 정치를 하지 않아도 사람들이 서로 돕고 협력해 조직은 자연스럽게 돌아가게 될 것이다.

반대로 구성원들이 각자 자신의 이익과 권리를 우선시하며 예와 겸양을 안중에 두지 않으면 아무리 좋은 제도와 법률이 갖추어져 있다고 해도 사회적으로 갈등과 분열, 혼란이 일어날 수밖에 없다.

그러면 예와 겸양이 미덕이며 사람으로서 갖추어야 할 덕목이라고 사람들이 알고 있다고 해도 자신이 손해보는 것을 원치 않아 지키려 하지 않는다. 그래서 공자는 예와 겸양으로써 다스려지지 않는다면 그것이 있다고 해도 무슨 소용이 있겠냐고 말한 것이다.

그런데 지금 우리의 사회, 학교, 정치의 모습에서 그러한 모습을 발견할 수 있다. 우리나라는 자살률이 세계 1위에 이른다. 또한 공황장애, 우울증, 불안장애 등 마음의 병이 만연하고, 정신장애로 인한 살인이 갈수록 증가하고 있다. 이는 경쟁과 성공을 강조하는 사회적 분위기의 부작용이라고 할 수 있다. 또 학교는 왕따, 학교폭력, 교사들의 자살 등 학생, 교사, 학부모들 간의 갈등으로 인해 유발되는 문제들이 갈수록 심각해지고 있다. 또한 정치는 민생과 국익을 위한 협치는 찾아보기 어렵고, 지역과 파벌을 중심으로 분열되어 서로의 이익에 따라 첨예하게 대립하고 있다.

이러한 현상들에서 하나의 공통점을 발견할 수 있다. 서로에 대한 예의와 겸양이 전혀 존재하지 않고 이기심과 욕망만 들끓고 있다는 점이다. 이것은 결과적으로 악순환의 고리를 만들어 해결의 출구를 막아버린다. 그래서 이러한 문제들의 엉킨 실타래를 풀어 선순환의 고리를 만들기 위해서는 사회적으로 예와 겸양의 정서가 확산되어야 한다.

〈안연〉 제2장에는 다음과 같은 공자의 말씀이 있다. "문을 나서면 귀한 손님을 뵈는 듯이 하고, 백성 다스리기를 큰 제사를 받을 듯이

하고, 자신이 하기 싫은 일은 남에게 시키지 말아야 한다. 이렇게 하면 나라에서도 원망이 없고, 가정에서도 원망이 없을 것이다."

안에서도 밖에서도 서로가 예의와 겸양의 자세로 임하면 나라와 가정에 안정이 이루어질 수 있다는 말이다. 이처럼 예와 겸양의 자세로 서로의 원망을 줄이면 조직의 안정을 이루는 하나의 열쇠가 될 수 있다.

한 줄 필사

能以禮讓 爲國乎 何有 不能以禮讓爲國 如禮何

바른말일수록 신중하게 하자

❖❖❖

자유가 말했다. "임금을 섬길 때 자주 충언을 하면 욕을 보게 되고, 친구와 사귐에 있어 자주 충고를 하면 멀어지게 된다."

〈이인〉 제26장
子游曰 事君數 斯辱矣 朋友數 斯疏矣
자유왈 사군삭 사욕의 붕우삭 사소의

자유(子游)는 이름이 언(偃)이며, 공자보다 마흔다섯 살 아래였다. 자유는 무성(武城)의 재상이 되어 예악으로 정치를 펼쳤다.

자유는 윗사람에게 자주 바른말을 하면 오히려 자신에게 해가 될 수도 있으며, 친구나 가까운 사람들에게 자주 쓴소리를 하면 오히려 사이가 멀어지게 된다고 충고하고 있다.

이는 삶에서 처세의 지혜로 새길 만한 말이다.

아무리 좋은 말도 자주 하면 상대방이 부담을 느끼거나 반감을 갖게 된다. 특히 충언, 충고, 간언 등 쓴소리와 바른말일수록 신중하게 해야 한다. 그러한 말을 하는 밑바탕에는 자신의 생각이 옳다고 생각하고 상대가 바뀌기를 바라는 마음이 깔려 있기 때문이다. 조언이나 충고를 좋아하는 사람은 없다. 그래서 조언이나 충고를 잘못하면 상대의 심기를 불편하게 한다. 친구 사이에서 자신은 조언이라고 생각해 말을 했지만 상대는 자존심이 상해 관계가 틀어지거나 단절되는 경우를 흔히 볼 수 있다.

특히 윗사람에게 충언을 할 때는 신중해야 한다. 중국 당나라 태종은 수시로 바른말과 직언을 해준 위징이라는 충신이 있었기에 정관의 치라는 태평성세를 이룩하고 명군이 될 수 있었다. 위징이 죽었을 때 태종은 "구리로 거울을 삼으면 의관을 바로 할 수 있고, 역사를 거울로 삼으면 흥망성쇠를 알 수 있고, 사람을 거울로 삼으면 득실을 밝힐 수 있다. 나는 항상 이 세 가지의 거울로 나의 허물을 막을 수 있었는데, 이제 위징이 죽었으니 마침내 거울 하나를 잃고 말았다"라고 말했다. 당 태종은 신하의 바른말을 자신을 바로잡는 거울로 받아들이는 도량이 있었기에 중국 역사상 가장 위대한 황제가 될 수 있었다. 그러나 이는 역사 속의 이야기일 뿐이다. 현실 속에서 이러한 윗사람은 많지 않다. 대부분의 상사는 바른말이나 직언을 하는 아랫사람의 태도를 월권행위라고 생각하기 때문이다. 그래서 자유도 윗사람에게 충언을 자주 하면 욕을 당할 수 있다고 말한 것이다.

또 가정에서도 부모가 자녀에게 지나치게 잔소리를 하는 경우가 많다. 만약 아이가 그것을 받아들이지 않고 반발하거나 반항하면 부모는 버릇없는 행동이라고 생각해서 혼내거나 체벌을 하기도 한다. 하지만 그럴 때는 필요 이상으로 강요하지 말고 중지하는 편이 낫다.

생활 속에서의 화법을 정리해놓은《당신의 매력을 브랜딩하라》에는 조언에 대해 우리가 유념해야 할 내용이 있다.

"인간관계를 망치는 말은 불평, 욕, 비판 등이 있지만, 바른말도 포함된다. 바른말을 하는 순간들을 떠올려보라. 그때가 언제인가? 바로 잔소리를 할 때다. 잔소리 치고 틀린 말이 거의 없다. 그런데 바른말은 잔소리다. 프로이트는 사람들의 말실수는 무의식에서 나오는 것이라고 말했다. 말실수는 은연중에 자신의 본심이 나오는 것이며, 평소에 자주 말실수를 한다면 그만큼 억눌려 있던 속마음이 자신도 모르게 튀어나오는 것이라고 설명했다. 이런 현상은 부모와 자식, 남편과 아내, 직장 상사와 직원 간의 관계에서 흔히 나타난다. 실제로 오가는 말들을 분석해보면 상대방의 감정이 상하는 말 중에 논리적으로 맞는 말이 많다. 그래서 잔소리는 바른말이라고 하는 것이다."

한번 내뱉은 말은 주워 담기가 힘들다. 특히 바른말은 관계를 망치는 위험성을 내포하고 있기에 신중하게 해야 할 필요가 있으며, 아무리 좋은 말이라도 조언이나 충고를 좋아하는 사람은 없다는 점을 명심할 필요가 있다.

事君數 斯辱矣 朋友數 斯疏矣

앎과 실천의 격차를 줄이자

─── ◇◇◇ ───

자공이 말했다. "저는 남이 저에게 하기를 원하지 않는 것을 저도 남에게 하지 않으려고 합니다." 그러자 공자가 말했다. "사야. 그것은 네가 능히 할 수 있는 것이 아니다."

〈공야장〉 제11장
子貢曰 我不欲人之加諸我也 吾亦欲無加諸人 子曰 賜也 非爾所及也
자공왈 아불욕인지가저아야 오역욕무가저인 자왈 사야 비이소급야

자공이 말한 남이 나에게 하기를 원하지 않는 것을 자신도 남에게 하지 않겠다고 한 것은 공자가 말한 "자신이 하고 싶지 않은 것을 남에게 시키지 말라"는 말과 일맥상통한다. 이는 서(恕)의 한 방법으로 그것은 인(仁)한 마음에서 비롯된다.

공자는 안회는 인(仁)에 이르렀다고 생각했지만, 자공은 그 경지에는 이르지 못했다고 생각해서 "그것은 네가 능히 할 수 있는 것이 아니다"라고 말했다.

공자는 자공을 애제자로 생각했지만, 자로에게 한 것처럼 자공에게도 훈계를 많이 했다. 자공은 명석하고 언변과 이재에 뛰어났지만, 다른 사람들을 비교하고 비판하기를 좋아하는 단점이 있었다. 〈헌문〉 제31장을 보면, 공자가 자공을 훈계하는 일화가 있다. 자공이 다른 사람들을 비교하자 공자가 말했다. "사는 그렇게 똑똑한가보구나. 나는 그럴 겨를이 없다."

공자는 똑똑하고 말솜씨는 뛰어나지만 학문을 삶에서 실천하는 일에서는 부족한 자공에게 아는 것을 현실에 올바르게 적용하고 실천하는 데는 큰 노력이 필요함을 일깨워주고 있다.

이는 우리도 마찬가지다. 《논어》나 다른 고전 또는 책을 읽으며 무엇이 옳고 무엇이 그른 행동인지 충분히 이해해도 막상 생활 속에서 또는 그 상황에 처하면 머릿속에 들어 있는 좋은 말씀은 잊은 채 감정이 먼저 앞서고 눈앞의 이익을 계산해 행동하는 경우가 훨씬 많다.

《한비자》의 〈비내〉편을 보면 다음과 같은 내용이 있다. "수레를 만드는 사람은 사람들이 부귀해지기를 바라고, 관을 짜는 사람은 사람들이 일찍 죽기를 바란다. 사람들이 부귀해지지 않으면 수레가 팔리지 않고, 사람이 죽지 않으면 관이 팔리지 않기 때문이다."

이렇게 우리는 저마다 자신의 이익과 욕망을 중심으로 세상을 바라보게 되어 있다. 우리 내면에는 선한 마음이 존재하고 있지만, 또 한편으로는 선한 마음보다 더 강력한 본능이 자리하고 있기 때문이다. 인문학의 가치는 바로 여기에 있다. 어떻게 살아야 하는지, 사람답게 사는 길은 무엇인지 생각해보게 하는 위기지학(爲己之學)의 길로 안내하기 때문이다.

순자는 "사람이 사람인 까닭은 특별히 두 발로 걷고 몸에 털이 없기 때문이 아니다. 도덕을 지니고 있기 때문이다"라고 말했다. 우리 인간이 동물과 구별되는 지점이 동물과 달리 두 발로 걷고 털이 없기 때문이 아니라 그보다 고차원적인 도덕을 지니고 있기 때문이라는 말이다. 그리고 인간이 이 도덕을 지니고 있기 때문에 "천하에서 가장 고귀하다"라고 말했다.

동물이든 인간이든 똑같이 본능을 지니고 있지만, 우리 인간은 자신의 본능을 다스리고 제어할 수 있는 능력을 지니고 있다. 그러나 자신의 사욕과 욕망을 다스리는 일은 끊임없이 배우고 노력하고 실천을 해야 가능하다. 그래서 공자는 삶에서 학문에 힘쓰고 실천하는 것을 게을리하지 말라고 강조하고 또 강조한 것이다. 그것이 도덕을 몸에 배도록 할 수 있는 길이기 때문이다.

한 줄 필사

我不欲人之加諸我也 吾亦欲無加諸人

효의 시작은 내 정신과
몸을 건강하게 하는 것이다

—— ◆◆◆ ——

맹무백이 효에 대해 묻자 공자가 말했다.
"부모는 오직 자식이 병이 날까 걱정하십니다."

〈위정〉 제6장
孟武伯 問孝 子曰 父母 唯其疾之憂
맹무백 문효 자왈 부모 유기질지우

노나라의 대부인 맹무백이 효에 대해 묻자 공자는 정신적으로 신체적으로 건강하게 잘 삶으로써 부모에게 걱정을 끼치지 않는 것이 효라고 말하고 있다.

세상에서 나를 가장 사랑하는 사람은 부모님이다. 자식을 위해서라면 자신이 먹고 싶고 입고 싶은 것도 참고 자식에게 베푸는 것이 부모의 마음이다. 또 부모는 자식이 아프면 자신이 대신 아프고 싶은 마음이 들고, 자식이 아픈 것을 보면 자식이 느끼는 고통보다 더한 마음의 고통을 느끼게 된다. 그래서 큰 성공을 거두는 것도 효이겠지만, 그보다 더 큰 효도는 정신과 신체가 건강하게 삶을 잘 살아가는 것이다.

조선의 대학자 율곡 이이가 저술한 《격몽요결》에는 우리가 부모님이 물려주신 신체를 소중히 여겨야 하는 이유가 분명하게 서술되어 있다.

"무릇 부모에게 당연히 효도해야 한다는 것을 모르는 사람이 없음에도 효도하는 자가 정말로 드문 것은 부모의 은혜를 깊이 알지 못하기 때문이다. 《시경》에 이르지 않았던가. '아버지 나를 낳으시고, 어머니 나를 기르시니, 그 은덕을 갚고자 하나 하늘 같아 끝이 없다.' 자식이 생명을 받을 때 본성과 목숨, 혈육이 모두 부모가 남겨 주신 것이다. 숨을 쉬어 호흡하고 기맥이 서로 통하니 이 몸은 나의 사유물이 아니고 바로 부모께서 남겨 주신 기운이다. 그래서 《시경》에 '슬프고 슬프다. 부모님이여! 나를 낳으시느라 수고로우셨도다'고 하였으니 부모의 은혜가 어떠한가. 어찌 감히 스스로 그 몸을 소유하고서도 부모에게 효도를 다하지 않을 수 있겠는가? 사람이 항상 이 마음을 지닐 수 있다면 저절로 부모를 향한 정성이 생길 것이다."

이처럼 부모님이 물려주신 신체를 잘 관리하여 건강하게 잘 살면서 부모의 은혜를 잊지 않는 마음을 가져야 한다.

특히 사회가 각박해지면서 정신적으로 건강하지 못한 사람이 늘어나고 있다. 그래서 정신질환으로 인한 묻지마 살인이 증가하고 있다. 이러한 범죄를 저지르는 사람들을 보면 정신분열증의 내력이 있고, 그로 인해 집에만 틀어박혀 지내는 은둔형 외톨이가 많은 점을 볼 수 있다. 그러한 자식을 가진 부모들의 근심은 이루 말할 수가 없을 것이다. 그런 사람들은 사회에 해를 끼치는 것에 앞서 부모님께 큰 슬픔을 안겨드린다는 점에서 불효가 아닐 수 없다.

그래서 신체적인 건강도 매우 중요하지만, 건강한 정신을 갖고 나쁜 길로 빠지거나 나쁜 짓을 저지르지 않고 올바르게 살아가는 것도 부모님께 걱정을 끼치지 않는 길이다. 또한 자신의 신체와 정신이 튼튼해야 부모님께 효도를 제대로 할 수 있는 법이다.

한 줄 필사

父母 唯其疾之憂

진정한 효는
정성을 보여드리는 것이다

— ◈◈◈ —

공자가 말했다. "부모가 살아계실 때에는 먼 곳으로 가지 말아야 하며, 가더라도 반드시 행선지를 알려야 한다."

〈이인〉 제19장
子曰 父母在 不遠遊 遊必有方
자왈 부모재 불원유 유필유방

공자는 부모님이 살아계실 때는 걱정을 끼치지 않고 봉양을 잘하기 위해 멀리 가지 말고, 가더라도 반드시 가는 곳을 알려야 한다고 말하고 있다.

그러나 현대에는 부모로부터 멀리 떨어지지 않는 것이 불가능하다. 공자의 말은 부모님께 정성의 마음을 갖고 효성을 다하라는 의미로 해석할 수 있다.

옛사람들은 부모에 대한 효를 매우 강조했는데, 그 내용을 살펴보면 부모에게 걱정을 끼치지 않고 정성을 다하는 마음으로 생활 속에서 잘 보살펴드리는 것이다. 예법을 정리해놓은 《예기》에서는 다음과 같이 말한다. "무릇 자식된 자는 집을 나갈 때는 반드시 부모님께 가는 곳을 알려드리고, 집에 돌아와서는 반드시 부모님의 얼굴을 뵙고 다녀왔음을 알려드려야 한다. 다니는 곳은 반드시 일정해야 하며, 배울 때는 반드시 정해진 학업에 따라야 하며, 평소 자신이 늙었다고 말하지 말아야 한다."

부모가 자식에게 바라는 점은 큰 것이 아닐 경우가 많다. 모든 부모의 바람은 자식이 아프지 않고, 무탈하게 잘 지내는 것이다. 그래서 진정한 효도란 부모에게 비싼 선물을 해드리고, 큰 성공을 안겨드리는 것이 아니라 생활 속에서 정성을 다해 모시고 부모의 마음을 헤아리는 것이다.

전화나 문자로 부모님의 안부를 묻는 일에 걸리는 시간은 몇 분이면 충분하다. 그럼에도 부모님께 자주 안부를 묻는 사람은 많지 않을 것이다. 이것은 시간이 없다기보다는 마음을 쓰지 않기 때문이다.

〈위정〉 제7장에는 지금의 현실과도 맞닿아 있는 이야기가 있다. 자유가 효에 대해 묻자 공자가 말했다. "지금의 효는 부모를 잘 봉양하는 것을 말하는데, 개나 말도 잘 기를 수 있다. 만약 공경하는 마음이 없다면 부모를 봉양하는 것과 개나 말을 기르는 것이 어떤 차이가 있는가?"

효에서 가장 중요한 점은 부모님을 향한 공경심이라는 의미다.

공경심이 있어야 부모님께 관심을 갖고 부모님이 가장 원하는 것이 무엇인지 알 수 있다.

현재 우리 사회는 고령화 사회로 접어들고 핵가족화되면서 가장 심각한 문제 중의 하나가 노인에 대한 무관심이다. 자식들은 자신의 일로 바빠서 부모에게 무관심하고 신경을 쓰지 않는다. 그러면 노인들은 별다른 할 일이 없는 데다 자식들도 외면해서 우울한 삶을 보낼 수밖에 없다.

우리가 공기의 소중함을 잘 알지 못하듯이 부모님이 살아계실 때는 그 존재가 얼마나 소중한지 절실히 느끼지 못한다. 부모님을 여읜 사람들이 가장 많이 하는 후회가 바로 "살아계실 때 잘해드리고, 많은 것을 함께했어야 하는데 그러지 못했다"라는 것이다.

효도는 부모님이 살아계실 때 가능한 것이다. 돌아가신 뒤 후회해도 소용이 없고 많은 것을 해드리고 싶어도 불가능하다. 그래서 부모가 살아계실 때 정성과 사랑하는 마음을 충분히 보여드리자.

한 줄 필사

父母在 遊必有方

무조건 순종하는 것은
효가 아니다

◈◈◈

공자가 말했다. "부모님을 섬길 때 잘못이 있으면 부드럽게 간언하고, 부모님의 뜻이 내 말을 따르지 않는 것을 보더라도 더욱 공경하고 부모님의 뜻을 어기지 않아야 하며, 수고롭더라도 부모님을 원망하지 말아야 한다."

〈이인〉 제18장
子曰 事父母 幾諫 見志不從 又敬不違 勞而不怨
자왈 사부모 기간 견지부종 우경불위 노이불원

부모님이 큰 잘못을 하는 것을 보면 간언을 하되 최대한 공손하게 하고, 부모님이 그 말에 따르지 않더라도 화내거나 자신의 뜻을 강요하지 말고 부모님의 뜻을 존중하며, 간언하는 것이 힘들고 수고롭더라도 부모님을 원망하지 말라는 의미다.

어린 시절에는 부모가 우리에게 절대적인 존재처럼 느껴진다. 그러나 우리는 성장하면서 부모도 우리와 같은 평범한 인간임을 알게 된다. 심지어 남의 부모와 비교했을 때 초라하게 느껴지기도 한다. 부모는 결코 완벽한 존재가 아니다. 인간으로서 많은 허물이 있고, 잘못을 저지르기도 하고, 또 부족한 부분들도 있다.

공자는 부모라 해도 큰 잘못을 하는 모습을 보면 간언해야 한다고 말했다. 《효경》의 〈간쟁〉편에는 다음과 같은 이야기가 있다. 제자인 증자가 부모의 명을 따르기만 한다면 그것을 효라고 할 수 있느냐고 물었다. 그러자 공자는 그것은 말도 안 된다고 말하며 다음과 같이 이야기했다. "옛날에 천자에게 간언하는 신하가 일곱이 있으면 비록 도가 없어도 천하를 잃지 않았고, 제후에게 간언하는 신하가 다섯이 있으면 비록 도가 없어도 나라를 잃지 않았으며, 대부에게 간언하는 신하가 셋이 있으면 비록 도가 없어도 집안을 잃지 않았다. 선비에게 간언하는 친구가 있으면 명성이 몸에서 떠나지 아니하고, 부모에게 간언하는 자식이 있으면 불의에 빠지지 않을 것이다. 그러므로 옳지 않으면 자식은 부모에게 간언하지 않으면 안 되는 것이다. 신하라도 임금에게 간언하지 않으면 안 되는 것이니 옳지 않으면 바른말을 해야한다. 어찌 부모의 명을 따르는 것만이 효가 될 수 있겠는가?"

《대대례기(大戴禮記)》를 보면 증자 또한 "따르기만 하고 간언하지 않는 것은 효가 아니고, 간언만 하고 따르지 않는 것 역시 효가 아니다"라고 말했다.

그러나 부모의 입장에서는 자신은 자식에게 잔소리를 할지언정 자식의 바른말을 수용하기는 결코 쉽지 않다. 부모가 자신의 말을 수용하지 않으면 자식들은 짜증을 내거나 화를 내기도 한다. 그러나 이렇게 되면 결국 부모와 언쟁으로 번지거나 사이가 틀어지기도 한다. 그래서 부모나 윗사람에게 간언할 때는 최대한 공손하고 부드럽게 해야 한다. 또한 간언이 통하게 하기 위해서는 평소 잘 따르고 순종하는 모습을 보이며 공경심과 존경심의 마음을 최대한 보여줄 필요가 있다.

부모도 자식이 잘못된 길로 가지 않도록 인도해야 하지만, 자식도 부모가 불의에 빠져 해를 입지 않도록 간언을 해야 할 때가 있다. 이것이 결코 쉬운 일은 아니며 힘들고 수고롭지만 부모를 원망해서는 안 된다. 부모의 사랑은 내리사랑으로 부모는 자식에게 더 큰 사랑과 은혜를 베풀었기 때문이다.

한 줄 필사

事父母 幾諫 見志不從 又敬不違 勞而不怨

인간관계의 시작점은
부모와의 관계다

— ◇◇◇ —

유자가 말했다. "그 사람됨이 부모에게 효도하고 어른을 공경하면서 윗사람을 해치기를 좋아하는 사람은 드물고, 윗사람을 해치기를 좋아하지 않으면서 분란을 일으키기를 좋아하는 사람은 없다. 군자는 근본에 힘쓰니, 근본이 서야 도가 생겨난다. 효와 공경은 인을 행하는 근본이다."

〈학이〉제2장

有子曰 其爲人也孝弟 而好犯上者 鮮矣 不好犯上 而好作亂者 未之有也
君子 務本 本立而道生 孝弟也者 其爲仁之本與
유자왈 기위인야효제 이호범상자 선의 불호범상 이호작란자 미지유야
군자 무본 본립이도생 효제야자 기위인지본여

유자는 공자의 제자로 노나라 사람이며, 이름은 약(若), 자(字)는 자유(子有)다. 공자보다 서른세 살이 적었다. 유자는 예(禮)의 문제에 대해 밝았는데, 《논어》에도 이에 대한 내용이 많다.

사람의 본성은 안에서나 밖에서나 변하지 않는다는 의미로 "안

에서 새는 바가지 밖에서도 샌다"라는 말이 있다. 문제아나 범죄자를 보면 부모와의 관계에서 문제가 있는 사람이 많다. 반대로 부모에게 효심이 깊고 윗사람을 공경할 줄 아는 사람은 대부분 밖에 나가서도 사람들에게 예의 바르고 따뜻하게 행동한다. 또 그렇게 사람들과 원만한 관계를 맺고 조화를 중시하는 사람은 조직생활에서도 상사에게 제멋대로 행동하거나 자신의 욕심을 채우기 위해 분란을 조장하지 않는다.

《효경》에서는 "효는 모든 행실의 근본이다"라고 말했다. 우리는 가정에서부터 몸가짐과 인간관계를 배우고 그것을 바탕으로 학교생활과 사회생활에 적용하며 대인관계를 넓혀나간다. 그래서 부모와 형제는 대인관계의 근본이라 할 수 있다. 부모를 공경하고 형제를 사랑하는 마음이 있어야 그 마음을 확대해 친구들을 사랑하고 타인을 사랑할 수 있다. 그래서 타인을 사랑하는 인(仁)을 실천하기 위해서는 부모와 형제에 대한 사랑과 정성의 마음, 곧 효와 공경을 실천하는 것이 출발점이 된다.

우리나라는 예로부터 효 사상이 사회에 깊이 뿌리내려 부모에게 효도하고 웃어른을 공경하는 예절을 매우 중시했다. 조선시대에는 아동이 배우는 학습서로 《사자소학》《계몽편》《동몽선습》《격몽요결》《명심보감》《효경》 등이 있었는데 그 내용 중에는 부모와 웃어른에 대한 예절이 상당 부분을 차지했다. 그래서 효(孝)와 정(情)은 우리나라의 사회적 정서로서 그 뿌리가 깊다.

그런 영향으로 우리나라 사람들은 사회생활을 하면서 만난 사람들을 친형제가 아님에도 형이나 언니, 동생 등으로 호칭을 부르며 친밀한 관계를 맺는다. 그런데 SNS의 발달로 세계화가 추세가 되고 문화 패러다임이 크게 변화하면서 신세대들은 개인주의적 성향이 짙어지고 있다. 이로 인해 구세대와 신세대 간의 불통의 문제가 심각한 사회현상으로 떠오르고 있다. '꼰대'나 '틀딱' 등은 노인을 지칭하는 신조어로 소통이 안 되는 '불통의 아이콘'을 의미한다.

꼰대 문화가 생긴 이유는 우리나라 정서인 '효(孝)'와 '정(情)'이라는 문화와 서구에서 영향을 받은 '개인주의'가 공존하면서도 부딪치기 때문일 것이다.

구세대의 성향은 연장자를 어른 대접해주는 것이 당연하다고 생각한다. 하지만 신세대, 예를 들면 MZ 세대는 개인주의 성향이 강하기에 연장자라는 이유로 대접을 해주어야 한다는 정서를 이해하지 못한다. 그런데 꼰대로 불리는 사람들을 보면 자기보다 나이가 어린 사람에게 예의 없게 행동하고 함부로 대하는 경우가 많다.

군군신신부부자자(君君臣臣父父子子)에서 알 수 있는 것처럼 관계는 일방적인 것이 아니라 쌍방적인 것이다. 윗사람이 어른 대접을 받기 위해서는 어른답게 행동해야 한다. 윗사람들은 권위적인 태도를 버리고 열린 마음으로 아랫사람들과 소통을 하고, 아랫사람들은 윗사람들의 말을 경청하고 존중하는 자세를 가질 때 불통이

해소되고 소통의 길이 열릴 것이다.

君子 務本 本立而道生 孝弟也者 其爲仁之本與

좋은 환경을 선택하는 것은
성공의 첫 단추를 끼우는 것이다

자공이 인을 행하는 것에 대하여 묻자 공자가 말했다. "물건을 만드는 공인이 자신의 일을 잘하려면 반드시 먼저 그 연장을 날카롭게 해야 하니, 어떤 나라에 살 때는 그 나라의 대부 중에 현명한 사람을 섬기고, 그 나라의 선비 중에 인한 사람을 친구로 삼아야 한다."

〈위령공〉 제9장

子貢 問爲仁 子曰 工欲善其事 必先利其器
居是邦也 事其大夫之賢者 友其士之仁者
자공 문위인 자왈 공욕선기사 필선리기기
거시방야 사기대부지현자 우기사지인자

언변이 능한 제자 자공이 자기보다 못한 사람들을 보고 기분 좋아했다. 공자는 재능은 뛰어나지만 덕이 부족한 자공이 열심히 수양하고 실천해 인에 이르기를 바라며 인을 행하기 위해서는 어떻게 해야 하는지 그 방법을 알려주고 있다.

어떤 일을 할 때 그에 맞는 도구의 활용은 일의 효율성을 높이고 좋은 성과를 가져온다. 링컨은 "내게 나무를 베는 데 6시간이 주어진다면, 나는 우선 도끼를 가는 데 4시간을 쓰겠다"라고 말했다. 현대는 인공지능을 어떻게 잘 활용하는가 하는 인공지능 활용능력(AIQ)이 높을수록 자신의 일에서 성공의 가능성을 높일 수 있다. 공자는 인을 행하는 방법에 대해 묻는 자공의 질문에 먼저 현명한 사람을 섬기고, 인한 사람을 친구로 만들라고 말했다. 현명하고 인한 사람들을 가까이하며 그들을 모방하고 배우라는 말이다.

서진의 학자 부현이 편찬한 《태자소부잠》에는 다음과 같은 말이 있다. "주사(朱砂)를 가까이하면 붉게 되고, 먹을 가까이하면 검게 된다."

근묵자흑이란 말이 여기서 유래되었는데, 사람은 환경이나 함께하는 사람들에 따라 큰 영향을 받는다는 말이다. 우리는 선하고 좋은 사람들로 구성된 조직에 속해 있으면 좋은 영향을 받아 좋은 사람이 되기 쉽고, 악하고 좋지 못한 사람들로 구성된 조직에 속해 있으면 그 영향으로 악한 사람이 되기 쉽다.

가정환경이 중요한 이유는 우리가 태어나서 가장 먼저 접하고, 학교에 입학하기 전까지 우리는 전적으로 부모의 교육 속에서 자라기 때문이다. 또한 유아기 때의 어머니와의 정서적 애착관계는 그 사람의 평생의 정서를 형성하기 때문에 조기교육은 그 사람의 밑바탕을 형성하는 과정이라 할 수 있다. 문제 청소년들을 다룰 때 가장 먼저 가정환경을 보는 이유는 문제 청소년 뒤에는 문제 부모와 문제 가정이 있는 확률이 높기 때문이다. 그래서 부모는 자식들을 위해 좋은 본보기가 되도록 노력해야 한다.

학교에 입학하고 사회에 나아가면 친구는 매우 중요한 환경이 된다. 특히 청소년기는 대부분의 시간을 학교에서 보내며 친구들과 어울려 지내고, 인생 전체를 좌우하는 가치관이 형성되는 시기이기에 어떤 친구를 사귀느냐가 매우 중요하다. 이때 사귀는 친구들에 따라 향후 삶의 방향이 크게 달라질 수 있기 때문이다.

사람은 자신과 비슷한 취향, 생각, 정서를 가진 사람들을 가까이하고 어울리는 성향을 갖고 있어 비슷한 부류의 사람들과 무리를 짓는다. 그래서 옛말에 "친구를 보면 그 사람을 알 수 있다"고 했고, 아리스토텔레스는 "친구는 제2의 자신이다"라고 했다.

부모는 우리가 선택할 수 없지만 좋은 환경과 사람들을 선택해 그 속에서 보고 배우는 것은 자신의 몫이다. 〈이인〉 제1장을 보면 공자는 이렇게 말했다. "마을의 풍속이 인하다는 것은 아름다운 일이다. 인한 풍속을 지닌 마을을 선택해 살지 않는다면 어찌 지혜롭다 할 수 있겠는가?"

자신을 발전시키는 방법 중의 하나는 보고 배울 점이 많은 사람들이 있는 환경을 선택하고 그렇게 되고자 노력하는 것이다.

工欲善其事 必先利其器

居是邦也 事其大夫之賢者 友其士之仁者

기회가 저절로 찾아오는 능력을 갖추자

───────── ◈◈◈ ─────────

공자가 말했다. "지위가 없음을 걱정하지 말고 그 지위에 설 수 있는 능력이 있는지를 걱정해야 하며, 자신을 알아주지 않는 것을 걱정하지 말고 남에게 알려질 수 있는 능력을 갖추도록 노력해야 한다."

〈이인〉 제14장
子曰 不患無位 患所以立 不患莫己知 求爲可知也
자왈 불환무위 환소이립 불환막기지 구위가지야

공자가 살았던 시대에 지위가 있다는 말은 벼슬자리에 오르는 것을 말한다. 나는 왜 관직에 오르지 못하는지를 불평하기에 앞서 자신이 그 능력을 갖추었는지를 살펴보고, 남들이 내 능력을 알아주지 않음을 불평하기에 앞서 출중한 능력을 갖춰 남들이 내 능력을 알아보고 먼저 찾도록 노력하라는 공자의 조언이다.

현시대의 능력은 그 직업이나 자리를 얻을 수 있는 객관적인 능력과 스펙을 말한다. 삶에서 운과 때도 중요하지만 기회가 왔을 때

놓치지 않기 위한 준비는 더욱 중요하다. 그래서 원하는 직업과 지위를 얻기 위해서는 먼저 경쟁을 뚫고 채용될 수 있는 실력과 스펙을 갖추고 있어야 한다.

만약 자신은 열심히 노력했다고 생각하는데 원하는 직업과 지위를 얻지 못했다면 그것은 아직도 남들을 제치고 합격할 만한 실력이 모자란 것으로 볼 수 있다. 내가 노력한 이상으로 남들은 더 치열하게 준비를 한 것이라고 생각하며 자신의 부족한 점을 냉철하게 돌아볼 수 있어야 한다. 자신의 신세를 한탄하기는 쉽지만, 자신을 냉철하게 분석하고 땀 흘려 노력하는 길은 힘들고 어렵기에 우리는 실패에 부닥치면 대부분 좌절하면서 세상을 원망하게 된다. 그러나 그러한 신세 한탄과 세상에 대한 원망은 전혀 도움이 되지 않는다. 그래서 자신이 도달하고자 하는 목표를 달성할 때까지 끝까지 노력하는 자세가 필요하다.

부자 마인드와 가난한 마인드의 차이점 중 하나는 부자가 된 사람들은 남 탓을 하지 않고 '나도 노력하면 할 수 있다'는 긍정적인 마인드를 가지고 있는 반면, 가난한 사람은 남 탓, 환경 탓을 하며 책임을 전가하는 점이다.

사람은 저마다의 쓰임새가 있기에 출중한 능력을 갖추고 있으면 다른 사람들에게 인정을 받고 자신이 찾아가지 않아도 기회가 먼저 찾아오기 마련이다. 그런데 지금은 갈수록 경쟁이 치열해지면서 그 어느 때보다 인재들의 능력이 출중하다. 하지만 치열한 경쟁을 뚫고 합격한 인재들이 회사를 조기 퇴사하는 현상이 사회적으로 두드러지게 나타나고 있다. 또한 공무원의 조기퇴직률도 매년 가파르게 증가하고 있다. 우수한 인재들이 오래 견디지 못하고 조직을 탈퇴하는 것은 조직생활은 단순히 우수한 지식능력만 갖춘다고 되는 것이 아님을 보여준다고 할 수 있다.

직장이나 조직에 들어가면 능력도 중요하지만 그보다 협업능력과 소통능력 등 대인관계 능력이나 인성이 더 중요해진다. 직장이나 조직에서의 일은 각자의 일이 유기적으로 연결되어 돌아가기 때문이다. 또한 개인의 탁월한 능력보다 많은 사람의 협업이 더 큰 성과를 가져온다. 그래서 원만한 직장생활과 사회생활을 위해서는 좋은 인성을 갖추고 있어야 한다. 그리고 작은 일도 성실하게 꾸준히 할 수 있는 인내심도 필요하다. 그래서 요즘은 인성도 능력이자 실력이 되었다.

인공지능 시대가 열리며 인재상이 크게 바뀌고 있다. 앞으로는 지식만 갖춘 인재가 아니라 대인관계 능력, 예술적 소양, 창의성 등 종합적인 능력을 갖춘 인재가 환영받는 시대가 되었다. 실력과 인성을 고루 갖추고 있는 인재라면 기회는 저절로 다가올 것이다.

不患無位 患所以立 不患莫己知 求爲可知也

작은 일에 충실해야 큰일도 잘한다

───────────◈◈◈───────────

자유가 말했다. "자하의 문하에 있는 제자들은 물을 뿌리고 청소하고, 손님을 응대하고, 나아감과 물러감에 있어서는 괜찮지만, 이런 것은 모두 말단의 일이다. 근본적인 것이 없으니 어찌할 것인가?"

자하가 이를 듣고서 말했다. "아, 언유의 말이 지나치구나. 군자의 도가 어느 것을 먼저라고 하여 전수하고, 어느 것을 나중이라고 하여 게을리하겠는가? 초목에 비유해서 보면 큰 나무도 있고 작은 풀도 있는 것처럼 각자 종류에 따라 나눔으로써 구별이 있는 것이니 군자의 도를 어찌 왜곡할 수 있겠는가? 처음과 끝을 구비한 것은 오직 성인뿐일 것이다."

〈자장〉 제12장

子游曰 子夏之門人小子 當灑掃應對進退則可矣 抑末也 本之則無 如之何
子夏聞之 曰 噫 言游過矣 君子之道 孰先傳焉 孰後倦焉
譬諸草木 區以別矣 君子之道 焉可誣也 有始有卒者 其惟聖人乎
자유왈 자하지문인소자 당쇄소응대진퇴즉가의 억말야 본지즉무 여지하
자하문지 왈 희 언유과의 군자지도 숙선전언 숙후권언
비저초목 구이별의 군자지도 언가무야 유시유졸자 기유성인호

자유가 또 다른 공자의 제자인 자하의 제자들은 배움의 지엽적인 일은 괜찮게 하지만, 더 핵심적인 근본에 관한 것은 아는 것이 없다고 자하의 교육방식을 비판했다. 그러자 자하는 자유의 말은 지나친 말이라고 하면서 "군자의 도가 어찌 지엽적인 것(末)과 근본적인 것(本) 중 어느 것을 중요하게 여겨 먼저 가르치고, 어느 것을 덜 중시해 소홀히 하는 것이겠느냐"고 반박했다. 이는 어느 한쪽에 치우쳐서는 안 되고 모두 필요하다는 의미다. 다만 배우는 사람들에 맞추어 가르침을 달리하는 것으로, 지엽에서 근본을 꿰뚫고 일관되게 실천할 수 있는 능력을 가진 사람은 공자와 같은 성인뿐이라고 말했다. 그래서 배우는 학생들의 경우 처음부터 근본을 가르치는 것이 아니라 기본부터 시작해 단계적으로 나아가 근본에 이르도록 가르쳐야 한다고 말하고 있다.

쇄소응대진퇴(灑掃應對進退)는 송나라의 학자 주희가 쓴 아동 예절교과서인 《소학》에 나오는 말이다. 자기 주변을 항상 깨끗하게 정리 정돈하고, 사람들이나 웃어른에게 부드럽고 공손하게 대응하고, 나설 때와 물러설 때를 알아서 처신과 인간관계를 잘하는 것을 말한다.

자신의 주변을 정리하고 깨끗이 하는 일, 사람들을 공손하게 대하는 일, 나설 때와 물러날 때를 알고 지키고 사람들과 원만하게 지내는 일, 이 모든 것은 사실 거창한 일도 아니고 삶에서 가장 기본이 되는 일이다. 이것이 직접적으로 대단한 성공을 가져다주는 것도 아니다. 그러나 이것은 사회에 나아가 사람들과 어울리고 큰 일을 하기 위해서 사람으로서 기본적으로 갖추어야 될 자세로서 배움의 시작이 되어야 한다.

우리나라의 조선시대에는 이러한 '사람이 되는 교육'을 강조했다. 아이들은 어릴 때부터 자신의 이부자리를 정리하고, 어른이 부를 때는 즉시 대답하며, 손님이 오면 공손히 맞이하는 등의 일상생활 예절과 기본 생활습관 교육을 받았다. 이러한 예절과 사람공부가 기본이 되고 나서 다음으로 학문을 배워야 큰일을 할 수 있는 사람이 된다고 생각했기 때문이다.

대학(大學)에 실려 있는 '수신제가치국평천하(修身齊家治國平天下)'라는 공자의 말도 이러한 가르침을 주고 있다. 먼저 자신의 몸과 마음을 닦은 뒤 집안을 잘 다스리면, 나라를 다스릴 수 있게 되고, 그 후에 천하를 평정할 수 있다는 의미다. 모든 일은 이루어지는 과정과 순서가 있으며, 그것을 단계적으로 밟아가야 성공할 수 있다.

우리는 치열한 경쟁을 뚫고 회사에 입사하거나 사회에 나아가면 처음에는 하찮고 자질구레한 일부터 시작하게 된다. 그러면 '내가 이거 하려고 그렇게 열심히 공부했나'라는 자괴감이 들기도 한다. 그런데 회사에서 큰 성과를 내고 지위가 오르기 위해서는 자질구레하고 하찮게 보이는 일부터 하면서 과정을 차근차근 밟아나가야 그 다음의 기회가 오게 된다. 처음부터 큰 기회와 큰 성공이 뚝

떨어지는 경우는 거의 없다. 만약 처음부터 큰 성공을 거두게 되면 기본이 쌓이지 않아서 오히려 쉽게 무너지게 된다.

배움이든 일이든 마치 탑을 쌓는 것과 같다. 밑에서부터 차곡차곡 성실히 쌓아올려야 견고한 결과물을 얻을 수 있다. 탑을 만든 돌 중 어느 것 하나라도 빠지면 탑이 완성될 수 없듯이, 하찮고 자질구레한 일과 중요한 일 모두 배움과 일을 완성하는 데 필요한 과정이다. 그래서 우리가 걸어가는 길에서 쓸모없는 경험은 없다.

한 줄 필사

譬諸草木 區以別矣 君子之道 焉可誣也

有始有卒者 其惟聖人乎

남을 이기려 하지 말고
자신을 극복하자

공자가 말했다. "옛날 배우는 이들은 자신을 위해 공부했는데, 지금의 배우는 이들은 남에게 인정받기 위해서 공부한다."

〈헌문〉 제25장
子曰 古之學者 爲己 今之學者 爲人
자왈 고지학자 위기 금지학자 위인

공부의 진정한 목적은 자기 자신을 위한 것이다. 궁극적으로 생계를 도모하고 자아를 실현하기 위해서이며, 또 인격을 수양하고 함양해 사회인으로서, 시민으로서 적응하고 사회에 보탬이 되기 위해서다. 예전에는 공부가 자신의 수양을 위한 하나의 수단이었다. 그래서 나를 위한 공부, 즉 위기지학(爲己之學)이었다.

그런데 요즘에는 공부가 경쟁에서 이기고 좋은 대학에 가고 좋은 직업을 갖기 위한 수단이 되었다. 즉 위인지학(爲人之學)이 된 것이다. 그 결과 우리 대부분이 남들에게 보여주기 위해서 공부를 하는 경우가 적지 않다. 이렇게 되면 공부는 자신의 발전과 향상을 위한 즐거운 과정이 아니라 견디기 힘든 스트레스가 되며, 경쟁에서 이기지 못하면 큰 패배감과 좌절감에 빠지게 된다.

경쟁은 마치 뫼비우스의 띠처럼 경쟁의 늪에 갇히게 한다. 우리나라는 입시와 입사의 치열한 경쟁 속에서 이제는 초등학생 때부터 수많은 학원을 다니며 입시에 대비한다. 그 결과 초등학생 중에서 자살하는 아이들이 늘어나고 있다. 우리나라 초등학생 네 명 중한 명이 자살 충동을 느낀다는 조사 결과가 있다.

이는 공부가 자기 자신을 위한 것이 아니라 남에게 보여주기 위한 공부가 되어 버린 폐해라 할 수 있다.

《논어》의 첫 문장은 "배우고 때때로 익히면 기쁘지 아니한가?"로 시작한다. 공자는 배움은 즐거움이라고 말했다. 즐길 수 있어야 지속할 수 있고, 자발적으로 할 수 있다.

인공지능 시대가 열리며 평생직장의 개념은 완전히 사라졌고, 앞으로 사람들은 직업을 평생에 걸쳐 기본적으로 3번 이상 바꾸며, 평균적으로 6번을 바꾼다는 연구자료가 있다. 그래서 우리가 살아가면서 평생학습은 선택이 아닌 필수가 되었다. 지치지 않고 평생동안 공부를 하기 위해서는 배움을 즐길 수 있어야 한다. 배움이하나의 즐거움이 되기 위해서는 그것이 나 자신을 계발하고 나를 찾아가는 과정이 되어야 한다. 그것이 바로 공자가 말하는 평생학습이다.

그래서 우리가 진정으로 경쟁해야 될 대상은 남이 아니라 자기 자신이다. 남과의 경쟁은 욕망을 키우는 소모전이지만, 자신과의 경쟁은 자신을 성장시키는 밑거름이 된다. 어제보다 나은 내가 되기 위해서는 남이 아니라 내 자신에게 집중해야 하고, 그로 인해 내 자신이 날로 발전할 수 있기 때문이다.

　　공자는 다음과 같이 말했다. "군자는 자신에게서 구하고, 소인은 남에게서 구한다."

한 줄 필사

古之學者 爲己 今之學者 爲人

형식은 본질을 담고 드러내는 그릇

◇◇◇

극자성이 말했다. "군자는 바탕인 질뿐이니 외면적으로 화려한 문을 어디에 쓰겠는가?" 그러자 자공이 말했다. "애석합니다! 대부의 말씀은 군자다우나, 네 마리의 말이 끄는 수레가 아무리 빠를지라도 혀에서 나오는 말에 미칠 수는 없는 법입니다. 문은 질과 같고 질은 문과 같으니, 호랑이나 표범의 털 없는 가죽은 개나 양의 털 없는 가죽과 똑같은 이치입니다."

〈안연〉 제8장
棘子成曰 君子 質而已矣 何以文爲 子貢曰 惜乎 夫子之說 君子也
駟不及舌 文猶質也 質猶文也 虎豹之鞟 猶犬羊之鞟
극자성왈 군자 질이이의 하이문위 자공왈 석호 부자지설 군자야
사불급설 문유질야 질유문야 호표지곽 유견양지곽

극자성은 위(衛)나라의 대부다. 그가 말한 질(質)이라는 것은 바탕이자 본질을 뜻하고, 문(文)이라는 것은 겉으로 드러내어 꾸미는 형식을 말한다. 극자성은 군자에게는 본질이 중요한 것이지 겉으로

꾸미는 것이 왜 필요하냐고 말하고 있다.

　그러자 자공이 극자성의 생각은 군자답지만, 대부라는 위치는 하는 말 하나하나가 큰 영향력이 있어 조심스러워야 하는데 실언을 하고 있으니 애석하다고 비판하고 있다. 발 없는 말이 천리를 간다는 속담이 있듯이 입에서 나온 말은 달리는 말보다 더 빨리, 더 멀리 퍼지게 된다. 자공은 이어서 털이 없는 가죽만 보면 어떤 동물의 가죽인지 구별을 할 수 없다는 비유를 들며 본질도 중요하지만 그것을 드러내는 형식이 없으면 군자와 소인을 어떻게 구분할 수 있느냐고 말하고 있다.

　사실 본질은 매우 중요하다. 속은 그렇지 않으면서 겉만 잘 포장해 그런 척할 수도 있기 때문이다. 또한 겉이 너무 번드르르 하면 오히려 내실이 없는 것은 아닌지 의심스럽기도 하다. 그래서 한비는 형식보다 본질이 더 중요하다고 주장했다. 《한비자》〈외저설좌상〉편에는 다음과 같은 이야기가 나온다. 초나라 사람 중에 정나라에서 진주를 파는 사람이 있었다. 그는 목란(木蘭)으로 진주를 넣을 상자를 만든 다음 계수나무와 산초나무를 그 안에 넣어 향기를 내고, 또 주옥을 달고 붉은 보석으로 장식하고, 비취색 깃털을 달아 상자를 잔뜩 꾸민 뒤 그 안에 진주를 넣었다. 그러자 정나라 사람이 다가와 상자만 사고 진주는 돌려주었다. 이 이야기를 통해 한비는 이렇게 주장했다. "사람들이 꾸민 것에 마음이 끌려 본질적인 것을 잊을까 두렵다. 이것은 꾸밈 때문에 본질을 해치게 되는 것이다."

그러나 본질이 아무리 좋아도 만약 그것을 겉으로 잘 드러내지 않으면 자공의 말처럼 좋은 본질이 묻히고 전달되지 않을 수 있다. 그래서 자공은 본질과 형식은 같은 것으로 서로 없어서는 안 된다고 말하고 있다.

특히 현대에는 겉으로 드러나는 모습도 본질만큼 중요하게 생각한다. 기업들은 자사의 제품의 품질을 소비자들에게 잘 홍보하기 위해서 디자인이나 포장에 많은 신경을 쓴다. 제품의 품질이 아무리 좋아도 디자인이나 포장이 좋지 않으면 소비자들의 선택을 받지 못하기 때문이다.

또한 사람을 많이 상대하는 직업의 경우 겉으로 드러나는 복장이나 외모가 그 사람의 실적에 큰 영향을 미친다. 심리학 연구에 따르면 상대에 대한 호감도를 0.13초만에 판단할 수 있다고 한다. 또 기업의 CEO나 인사담당자들을 대상으로 조사한 결과 첫인상으로 합격 여부를 결정하는 비율이 70퍼센트를 넘었다. 이는 인간의 본능으로 사람들은 보기 좋은 것에 끌리게 마련이다.

그래서 본질과 내면도 중요하지만 겉으로 드러나는 형식과 꾸밈도 못지않게 중요하다. 본질과 내면이 좋고 뛰어나도 제대로 보여주지 못하면 사람들이 그것을 알아볼 수가 없기 때문이다.

文猶質也 質猶文也 虎豹之鞹 猶犬羊之鞹

품격은 그 사람의 향기다

━━━━━━━━━━━━━━━ ◇◇◇ ━━━━━━━━━━━━━━━

자하가 물었다. "'예쁜 웃음에 예쁜 보조개여, 아름다운 눈에 선명한 눈동자여! 흰 바탕에 채색을 하였구나!'라고 한 것은 무엇을 말한 것입니까?" 그러자 공자가 말했다. "그림을 그리는 것은 먼저 밑바탕을 그린 뒤에 문양을 그리는 것이다." 자하가 말했다. "예가 나중이라는 것이군요?" 공자가 말했다. "나를 일깨워주는 사람은 자하로구나! 비로소 함께 시를 논할 만하다."

〈팔일〉 제8장
子夏問曰 巧笑倩兮 美目盼兮 素以爲絢兮 何謂也
子曰 繪事後素 曰 禮後乎 子曰 起予者 商也 始可與言詩已矣
자하문왈 교소천혜 미목반혜 소이위현혜 하위야
자왈 회사후소 왈 예후호 자왈 기여자 상야 시가여언시이의

자하가 인용한 "예쁜 웃음에 예쁜 보조개여, 아름다운 눈에 선명한 눈동자여! 흰 바탕에 채색을 하였구나" 중에 앞 두 구절은《시경》〈위풍〉편에 나오는 문구다. 자하가 예쁜 입과 아름다운 눈의

좋은 바탕에 채색을 한다는 본래의 의미가 무엇인지를 공자에게 물었다.

그러자 공자는 그림을 그릴 때 먼저 흰색으로 바탕을 그린 다음에 문양을 그리게 되므로 바탕을 잘 그려야 좋은 그림을 그릴 수 있다고 말했다. 자하는 공자의 말을 유추해 '그림을 그릴 때 밑그림 위에 문양을 그리듯 예는 인이라는 바탕을 마련한 다음에 한다'는 의미로 이해하고 확인을 위해 "예가 나중이라는 것이군요?"라고 묻는다.

공자는 의미를 꿰뚫어 이해하는 자하를 "비로소 함께 시를 논할 만하다"고 크게 칭찬하고 있다. 시라는 것은 상상력과 통찰력이 필요한 분야이고, 자하의 유추 능력을 통해 미루어보면 자하는 그러한 능력을 갖고 있다고 판단되기 때문이다.

위의 대화에서 공자가 말하는 핵심 의미는 근본인 인(仁)과 덕(德)을 갖춘 후에 그것을 드러내는 형식인 예(禮)를 갖추어야 한다는 의미다. 즉, 좋은 품성을 먼저 갖추고 예절을 행하라는 것이다. 밑바탕이 좋아야 형식과 표현도 더욱 빛이 날 수 있기 때문이다.

만약 외모가 보기 좋고 능력도 있는데 인간성도 좋고 행실도 바른 사람이라면 그 사람의 매력은 더욱 빛이 나 많은 사람에게 사랑을 받게 된다. 그러나 실력과 능력은 뛰어난데 교만하고 이기적이거나 외모가 아름답고 말솜씨는 뛰어난데 인성이 바닥이라면 사람들에게 환영받지 못한다. 또한 겉으로만 포장된 이미지는 한순간에 추락하기 쉽다. 연예인이나 유명인들이 유명해진 뒤에 예전 학창시절의 학교폭력 사실이나 범죄 행위가 드러나 잘 다져놓은 이미지가 한순간에 추락하는 모습을 흔히 보게 된다. 그래서 이미지 메이킹에서도 가장 먼저 해야 할 일은 좋은 품성과 품격을 갖추기 위해 노력하는 것이다.

셰익스피어는 품격에 대해 이렇게 말했다. "꽃에 향기가 있듯이 사람에겐 품격이 있다. 그런데 꽃이 싱싱할 때 향기가 신선하듯이 사람도 마음이 맑을 때 품격이 고상하다. 썩은 백합은 잡초보다 오히려 냄새가 고약하다."

사람은 좋은 품격을 갖추고 인격의 향기를 널리 피울 때 갖고 있는 좋은 조건도 더 빛나 보이는 법이다.

한 줄 필사

繪事後素

삶의 질을 높이는 법은
밸런스 유지에 있다

공자가 말했다. "본질이 외면보다 앞서면 촌스럽고, 외면이 본질을 앞서면 겉만 화려하게 되니, 외면과 본질이 적절하게 균형을 이루어야 군자라 할 수 있다."

〈옹야〉 제16장

子曰 質勝文則野 文勝質則史 文質 彬彬然後 君子
자왈 질승문즉야 문승질즉사 문질 빈빈연후 군자

무엇이든 한쪽으로 기울어지면 문제가 생기게 된다. 본질과 형식도 마찬가지다. 본질인 원리원칙만 따지면 융통성이 없어지고 겉으로 드러나는 모습은 촌스럽게 된다. 하지만 형식과 겉모습에만 치중하면 내실은 없고 가식적이게 된다. 그래서 한쪽에 치우치지 않고 밸런스를 맞추는 중용의 자세가 매우 중요하다. 공자는 군자는 본질인 성품과 마음가짐 그리고 형식인 예와 몸가짐이 조화를 이루도록 해야 한다고 말했다.

여기에서 문질빈빈(文質彬彬)이라는 고사성어가 유래했는데, 내면과 겉으로 드러나는 모습이 함께 빛난다는 의미로, 형식과 내용이 잘 어우러져 조화로운 글이나 성품과 몸가짐이 모두 올바른 사람을 비유하는 말로 쓰이고 있다.

살면서 가장 중요한 것 중 하나는 삶의 밸런스를 유지하는 것이다. 요즘은 과거와 달리 사람들이 워라밸을 중시한다. 예전에는 안정적인 직장을 다니며 열심히 일해서 돈을 많이 버는 것이 삶의 최고의 가치였다. 그러나 지금은 돈을 많이 주는 직장보다 시간적인 여유와 좋은 복지를 제공하는 직장을 선호하는 사람이 더 많아졌다. 돈도 중요하지만 감정적인 만족도와 삶의 즐거움을 함께 누리는 일이 더 중요하다는 인식이 확산되고 있기 때문이다. 워라밸은 결국 일이 주는 성취감과 물질적 안정, 그리고 삶에서 누려야 하는 즐거움과 만족감의 균형을 이루는 것이다.

또한 페르소나와 자신의 진짜 모습의 균형을 이루는 일도 중요하다. 자신의 진짜 모습은 본질이고, 페르소나는 겉으로 드러나는 모습이다. 페르소나란 외모를 비롯해 학벌, 직업 등 우리의 외적인 인격을 말한다. 우리는 사회생활을 하면서 자신의 역할에 맞게 페르소나를 쓸 필요가 있다. 페르소나는 남들에게 자신의 역할을 확실하게 보여주는 역할을 하지만, 문제는 이 페르소나가 너무 강해지면 오히려 자신의 진짜 모습을 완전히 가리고 이것이 자기 자신을 장악하게 된다. 그러면 어느 순간 진짜 자신을 잃어버리고 삶에서 길을 잃게 된다.

요즘 자신의 진짜 모습을 만나는 자아 찾기 열풍이 부는 이유는 대부분의 사람이 사회에서 요구하는 기준과 남들이 바라는 모습에 자신을 맞추며 살아왔기 때문이다. 그것이 극단에 이르러 많은 사람이 우울증, 패배감, 번아웃에 시달리게 되면서 자기 자신을 찾는 것이 삶에서 중요한 일임을 자각하게 된 것이다.

외적인 인격인 페르소나와 내적인 인격인 자신의 진짜 모습은 우리 삶에서 모두 중요하다. 페르소나가 없으면 사람들과 관계를 맺고 정상적인 사회생활을 하기가 힘들다. 그러나 자신의 진짜 모습은 완전히 감추고 페르소나만 갖고는 행복한 삶을 살 수 없다. 그것은 자신이 아니라 남들의 기준에 맞춘 삶이기 때문이다. 그래서 외적인 인격과 내적인 인격의 균형을 찾는 일은 자신의 행복한 삶을 위해 매우 중요하다.

삶은 기나긴 여정이다. 한때 큰 성공을 거두고 돈을 많이 버는 것보다 내면과 외면이 균형을 이루고, 삶이 어느 한쪽으로 치우지지 않고 조화를 이루는 것이 더 이상적인 삶의 길이라 할 수 있다.

質勝文則野 文勝質則史 文質 彬彬然後 君子

물질적인 부유함보다
마음의 부유함을 찾자

공자가 말했다. "사치스러우면 불손해지고, 검소하면 고루해진다. 불손한 것보다는 차라리 고루한 것이 낫다."

〈술이〉 제35장
子曰 奢則不孫 儉則固 與其不孫也 寧固
자왈 사즉불손 검즉고 여기불손야 영고

자본주의 사회에서는 돈이 돌고 돌아야 경제가 활성화되므로 여유로운 사람들이 돈을 써주는 것은 미덕이 될 수 있다. 그런데 보통 과소비나 사치하는 사람들을 보면 과시하고자 하는 심리가 있고, 욕망을 절제하지 못하는 경우가 많다. 그래서 사치하는 사람들은 화려하게 꾸미는 것을 좋아하고 물질에 집착하며 겉으로 드러내고 자신을 내세우기를 좋아한다. 이것은 교만하고 남을 무시하는 태도로 이어지기 쉽다. 그러나 지나치게 절제하고 아끼면 유행에 뒤떨어지고, 개방적이기보다 보수적이고 인색해질 수 있다. 사치와 지나치게 검소함은 알맞음이라는 이상적인 상태에서 보자면 둘 다 바람직한 것은 아니지만 공자는 사치하면서 불손한 것이 그 해로움이 더 크다고 말하고 있다.

사치는 자신의 욕망을 충족하기 위한 행위다. 그런데 물질적인 욕망과 만족은 그 끝이 없기에 사치는 한 번 시작되면 절제하기가 결코 쉽지 않다. 돈을 많이 버는 연예인 중에 파산하는 사람을 많이 볼 수 있다. 욕망과 허영심은 마치 밑 빠진 독과 같아서 아무리 쏟아부어도 채울 수가 없기 때문이다. 그만큼 인간의 욕망은 채우기도 어렵고 절제하기도 어렵다. 또 사치가 심한 사람들은 과시욕이 큰 사람들이다. 과시욕이 큰 사람들은 자신을 부각하고 돋보이게 하고 싶어 하기 때문에 타인을 존중하고 배려하는 자세가 없다. 그래서 불손해지게 되는 것이다.

높은 지위와 큰 부를 얻은 사람 중에는 사치하고 과시하며 자신의 욕망을 만족시키기에 급급한 사람이 많다. 끝없이 채우려는 욕망은 오히려 불행감을 더할 뿐이다. 그러나 가진 것을 나누는 마음은 더 큰 행복감을 불러온다. 사람의 마음을 사고 사람들을 얻기 때문이다. 농구황제 마이클 조던은 큰 성공을 경험한 사람으로서 다음과 같이 조언했다. "성공하기 위해서는 이기적일 필요가 있습니다. 그렇지 않으면 성취를 이룰 수 없습니다. 그러나 정점에 올라가면 이기적이지 않아야 합니다. 사람들과 가까이하고, 교류하세요. 고립되지 마세요."

사치는 물질적으로 풍요롭고자 하는 욕망이지만 진정한 풍요로움은 물질에 달린 것이 아니라 마음에 달려 있기 때문에 결과적으로 풍요로워질 수 없다. 그래서 진정한 풍요로움을 얻고자 한다면 욕망을 줄이고 나누는 자세로 살아야 한다.

반면 검소함은 드러내거나 보여주기보다는 오히려 신중하고 절제하는 모습이다. 우리는 삶에서 예측할 수 없는 수많은 리스크를 만나게 된다. 한때 성공하고 잘나가던 사람도 한순간에 무너질 수 있다. 또 언제 병이 들거나 큰 사고가 닥칠지 알 수 없다. 그런 점에서 평소 절제하고 비축하고 대비할 필요가 있다. 삶에서의 리스크 관리를 위해서도 사치를 줄이고 검소하게 생활할 필요가 있다. 다만 지나친 검소는 남에게 인색해져 대인관계에 안 좋은 영향을 미칠 수 있고, 또 유행에 뒤떨어져 초라해 보일 수 있다. 그래서 검소함도 반드시 적당함과 알맞음이 필요하다.

한 줄 필사

奢則不孫 儉則固 與其不孫也 寧固

삶의 결과가 달라지는
배움의 네 가지 자세

— ◈◈◈ —

공자가 말했다. "태어나면서부터 아는 사람은 가장 높고, 배워서 아는 사람은 그다음이며, 어려움을 겪으면서 배우는 사람은 또 그다음이며, 어려움을 겪고도 배우지 않는 사람은 백성 가운데 가장 하등이다."

〈계씨〉 제9장
孔子曰 生而知之者 上也 學而知之者 次也
困而學之又其次也 困而不學 民斯爲下矣
공자왈 생이지지자 상야 학이지지자 차야
곤이학지우기차야 곤이불학 민사위하의

생이지지(生而知之)란 태어나면서부터 아는 사람을 말하며 보통 성인을 말하는데, 성인도 수양을 통해 깨달음을 얻는 것을 보면 나면서부터 아는 것은 사실 현실적으로는 불가능하다.

학이지지(學而知之)는 열심히 배워서 알게 되는 사람으로 배움을 좋아하여 능동적으로 배우는 사람들이다. 공자도 여기에 속한다. 〈공야장〉 제27장을 보면 공자는 자신이 배우기를 매우 좋아하는 사람이라고 밝히고 있다. "열 가구 정도의 작은 마을에도 반드시 나처럼 충실하고 신실한 사람이 있겠지만, 나만큼 배우기를 좋아하는 사람은 없을 것이다."

곤이학지(困而學之)는 어려움과 좌절을 통해 배우고, 필요에 의해 배우는 사람들이다. 그래도 경험을 통해 배우는 것이 있고, 필요한 것을 찾아서 배운다는 점에서 바람직하다.

곤이불학(困而不學)은 어려움과 좌절을 겪어도 배우는 것이 없으며 배우려는 의지가 없는 사람이다. 그래서 공자는 가장 하등이라고 말했다. 만약 이렇게 되면 삶에서 발전은 기대하기 어렵다. 배우지 않으면 생각의 변화를 기대하기 어렵고, 문제해결 능력도 갖출 수 없어 현실에 안주하거나 처한 상황을 원망만 할 뿐이다.

공자는 배움의 자세를 이와 같이 네 등급으로 나누었다.

태어나면서부터 아는 것은 불가능하므로 가장 바람직한 자세는 배움을 좋아해 배우려는 의지가 강한 것이다. 공자는 배우는 것을 좋아해 끊임없이 배우고 실천해 인류의 스승이 될 수 있었다. 공자의 제자 안회도 여기에 속했다. 〈옹야〉 제2장을 보면 공자는 안회를 제자 중 유일하게 배우기를 좋아하는 제자로 인정했다. 애공이 물었다. "제자들 중 누가 배우기를 좋아합니까?" 그러자 공자가 대답했다. "안회라는 제자가 배우기를 좋아했습니다. 그는 노여움을 남에게 옮기지 않았고, 같은 잘못을 두 번 하지 않았는데, 불행히도 일찍 죽었습니다. 지금은 그런 사람이 없어서 배우기를 좋아하는 사람이 있다는 말을 들어보지 못했습니다."

어려움과 좌절을 통해 배우고, 필요에 의해 배우는 자세는 배움을 좋아하고 배움에 능동적인 자세보다는 아래 등급이지만 배우려는 자세를 갖고 있으므로 결과적으로는 배우는 것이 있다는 점에서 바람직하다. 아마 우리 대부분은 여기에 속할 것이다. 우리는 책을 읽고 공부를 하면서 배우기도 하지만, 경험과 사람을 통해서도 많은 것을 배우고 알게 된다. 그래서 배우려는 의지와 자세가 있다면 살면서 많은 것을 배우고 알아갈 수 있다.

가장 문제는 어려움과 좌절을 겪어도 배우는 것이 없으며 배우려는 의지가 없는 자세다. 위에서 공자가 안회를 평가할 때 같은 잘못을 두 번 하지 않았다고 했는데, 그것은 잘못을 저지른 경험을 통해 배우고 고치려는 의지를 갖고 있었기 때문에 가능한 것이다. 그러나 실패를 경험하고도 좌절만 하고 그것을 극복하기 위해 아무런 노력도 하지 않으면 그 자리에 평생 머물게 된다. 또 잘못을 저지르고도 깨닫지 못하고 변화하지 않으면 계속 같은 잘못을 반복하게 된다.

안주하는 자세도 결국은 여기에 속한다. 끊임없이 배우고 노력하지 않으면 변화하는 추세를 따라잡을 수 없으며 자신의 변화와 발전은 없기에 결국은 도태될 수밖에 없다. 배움은 우리를 계속 나아가게 하는 힘이다. 우리가 삶에서 어떠한 배움의 자세를 갖느냐에 따라서 우리의 삶은 확연히 달라지게 된다.

生而知之者 上也 學而知之者 次也

困而學之又其次也 困而不學 民斯爲下矣

삶에서 모두가 성공의 열매를
맺는 것은 아니다

공자가 말했다. "싹이 났어도 꽃을 피우지 못하는 것도 있고, 꽃을 피웠어도 열매를 맺지 못하는 것도 있다."

〈자한〉 제21장

子曰 苗而不秀者 有矣夫 秀而不實者 有矣夫
자왈 묘이불수자 유의부 수이불실자 유의부

자연의 세계를 보면, 씨가 뿌려졌을 때 모두 싹이 돋는 것은 아니다. 그중에서 씨앗이 건강하고 주위 환경이 좋아야 싹이 돋고, 그렇지 못한 씨앗은 썩어서 사라지게 된다. 또 싹이 돋더라도 꽃을 피우는 것도 있고, 꽃이 피기 전에 메말라 버리거나 다른 초식 동물에게 먹히는 것도 있다. 그리고 꽃이 피었어도 수정이 되어 열매를 맺는 것도 있고, 열매를 맺지 못하고 떨어지는 것도 있다. 이러한 모습은 우리 인간 세상에서도 마찬가지다.

어떤 재능을 갖고 있음에도 자신의 재능을 깨닫지 못하면 꽃을 피울 수 없게 된다. 또 꽃도 저마다 열매가 열리는 시기가 다르듯이 재능을 계발한다고 해도 그 결실인 성공이 이루어지는 시기는 각각 다르다. 어떤 사람은 그 재능의 결실로 일찍 성공을 이루고, 어떤 사람은 대기만성으로 늦게 성공을 거둔다.

또한 열매를 맺지 못하는 꽃들이 있는 것처럼 사람도 모두가 성공하는 것은 아니다. 식물도 꽃을 피우고, 꽃이 지고 다시 열매를 맺기까지는 비바람에 맞서고 추위를 견디는 과정이 필요하다. 그러한 과정을 견뎌낸 식물만이 열매를 맺는다. 인간의 역사에서도 한 분야에서 큰 성취를 이룬 사람들을 보면 수많은 좌절과 고통을 견뎌내고 인내한 사람들이다.

농구 역사상 가장 위대한 선수로 평가받는 마이클 조던은 자산이 약 2조 원에 이를 만큼 대단한 성공을 거두었다. 그런 그도 이렇게 말했다. "나는 선수 생활 중 경기에서 9000번도 넘게 슛을 성공시키지 못했다. 나는 300번도 넘게 경기에서 패했으며, 26번이나 승부를 결정짓는 슛을 실패했다. 나는 실패하고 또다시 실패했다. 그것이 바로 내가 성공한 이유다."

성공이 힘든 이유는 끝까지 인내하고 버티는 사람이 매우 적기 때문이다. 결실을 맺기 위해서는 성공이라는 목표지점의 마지막까지 나아가야 한다. 마지막 한 걸음이 모자라도 목표지점을 통과하지 못하면 결국은 성공을 이루지 못한다. 그래서 나아가는 과정 중의 작은 실패, 작은 성공에 일희일비하지 말아야 한다. 처칠은 "성공은 끝이 아니며, 실패는 치명적인 것이 아닙니다. 중요한 것은 계속하려는 용기입니다"라고 말했다.

결국 자신의 재능을 꽃피우고 열매를 맺게 하는 것은 끝까지 견디는 인내와 마지막까지 나아가는 용기다.

한 줄 필사

苗而不秀者 有矣夫 秀而不實者 有矣夫

스스로 한계를 긋지 말자

———— ◈◈◈ ————

염구가 말했다. "저는 선생님의 도를 좋아하지 않는 것은 아니지만 힘이 부족합니다." 공자가 말했다. "힘이 부족하다고 하는 사람은 도중에 포기하는데, 지금 너는 스스로 한계를 긋고 있는 것이다."

〈옹야〉 제10장
冉求曰 非不說子之道 力不足也 子曰 力不足者 中道而廢 今女畫
염구왈 비불열자지도 역부족야 자왈 역부족자 중도이폐 금녀획

염구는 자유(子有)를 말한다. 공자가 "누추한 곳에 사는 것을 다른 사람들은 그 근심을 견디지 못하는데 안회는 그 속에서도 즐거움을 누리며 그 즐거움이 변치 않는다"라고 안회를 칭찬했다. 그 말을 듣고 염구가 선생님의 도를 좋아하지만 자신은 힘이 부족하다고 말한 것이다. 그러자 공자는 힘이 부족한 사람은 시도해보고 나아갈 역량이 부족해 중도에 그만두지만, 염구 너는 시작조차도 하지 않고 스스로 선을 긋고 있다고 일깨우고 있다. 공자는 역량보다

의지가 없음을 지적하고 있다.

그런데 우리 사회에서도 '포기'하는 사람이 늘어나고 있다.

3포세대라는 말이 있다. 이 말은 2011년에 처음 등장했는데, 연애, 결혼, 출산을 포기한 젊은이들을 일컫는 용어다. 하지만 갈수록 경쟁이 치열해지고 자포자기하는 사람들이 늘어나면서 세 가지에 더해서 취업, 내집 마련, 건강 관리, 인간관계, 희망 등등을 포기한 N포세대가 등장했다.

또 '니트족(Not in Education, Employment or Training)'이라는 용어가 있다. 15세에서 34세의 청년층 중에서 직업이 없지만 취업을 위한 교육이나 훈련을 받지 않고 취업 의사가 없는 사람들을 일컫는 말이다. 우리나라의 니트족 비율은 OECD 평균보다 높은 수준이라고 한다. 물론 이러한 현상이 나타나는 데는 사회구조적 문제 등 여러 가지 요인이 있지만, 개인의 인생에서 볼 때 15세에서 34세는 한창 꿈을 꾸며 자신의 미래를 위해 경력을 쌓아가는 시기다. 그런데 인생의 황금기에 취업에 대한 활동도 하지 않고 의지가 없는 것은 개인적으로, 또 사회적으로 큰 손실이 아닐 수 없다.

맨주먹으로 현대그룹을 일군 정주영 회장의 명언 중에서 가장 유명한 말 중의 하나가 "이봐, 시도는 해봤어?"라는 말이다. 정주영 회장이 불가능하다고 말하는 부하직원들에게 늘 했던 말이다. 정주영 회장의 말은 공자의 말처럼 자신의 능력에 한계를 긋지 말고 도전하고 부딪치며 자신의 한계를 뚫고 나가라는 의미다. 환경이 받쳐주지 않아서 안 되고, 능력이 모자라서 안 되고, 상황이 불가능해서 안 된다고 선을 긋는 태도는 염구처럼 자신이 해내지 못하는 원인을 자신 안에서 찾는 것이 아니라 외부에서 찾는 것이다.

중국에 류위닝이라는 인기 가수이자 배우가 있다. 그는 네 살 때 아버지가 돌아가시고 어머니는 조부모에게 그를 맡기고 재혼했다. 또한 할머니마저 일찍 돌아가시고 할아버지 손에서 자랐다. 그는 가정형편이 좋지 않아서 실업계 고등학교를 졸업하고 요리학교에 진학해 요리사, 웨이터, 각종 아르바이트 등을 하면서 생계를 이어 갔다. 그러나 어릴 때부터의 꿈인 가수에 대한 미련을 버리지 못하고 모던 브라더스라는 밴드를 만들어 부르는 곳에는 마다하지 않고 달려가고, 거리에서 버스킹을 하며 하루에 10시간씩 노래를 불렀다. 그러다 왕홍(인터넷 스타)으로 이름을 알리고 마침내 연예계로 진출해 가요계의 각종 상을 휩쓸며 최고의 가수가 되었고, 배우로서도 큰 성공을 거두어 중국 최고의 엔터테이너가 되었다.

또한 학연과 인맥의 영향력이 막강한 중국 연예계에서 류위닝은 전문적인 보컬 트레이닝을 받은 적도 없고, 유명 방송영화예술대학 졸업장도 없지만 스스로 각고의 노력을 통해서 자신의 길을 만들어나가고 있다. 류위닝은 아무것도 가진 것이 없는 어려운 환경에서도 자포자기하지 않고 오로지 자신의 꿈을 향해 열심히 앞으로 나아갔다. 그에게 큰 성공을 가져다준 것은 인내심, 근면함, 열정이라는 강한 의지였다.

우리의 삶을 '고해(苦海)'에 비유한다. 삶은 어느 누구에게도 쉽지 않기 때문이다. 좌절과 고난을 겪지 않는 사람은 없으며, 자신이 원하는 그대로 삶이 펼쳐지는 사람은 아무도 없다. 만약 자신이 열심히 노력했다고 생각하는데도 성과가 없다면 자신이 하려는 일이 정말 자신의 재능과 적성에 맞는지 점검해볼 필요가 있다. 사람은 자신이 좋아하는 일보다 잘하는 일을 할 때 더 큰 성과를 얻을 수 있다. 만약 자신이 원하는 분야에 대한 재능이 없다면 다른 길을 모색하며 기회를 만들어가야 한다.

나를 필요로 하는 곳이 없다면 내가 만들면 그것은 길이 된다. 정주영 회장은 "길이 없으면 길을 찾아라, 찾아도 없으면 길을 닦아나가야 한다"고 말했다.

우리는 자신이 가진 능력을 스스로 인식하지 못하는 경우가 많다. 포기는 자신에게 다가올지도 모르는 기회를 스스로 걷어차는 것과도 같다.

한 줄 필사

力不足者 中道而廢 今女畫

다방면을 자유자재로 연결하는 능력을 갖추자

공자가 말했다. "군자는 한 가지 용도에만 쓰이는 그릇처럼 한 가지 분야에 국한된 사람이 되어서는 안 된다."

〈위정〉 제12장
子曰 君子不器
자왈 군자불기

그릇은 밥그릇에는 밥을 담고, 국그릇에는 국을 담듯이 그 모양새와 용량이 있어 그에 맞는 용도로만 사용된다. 위의 말에서 그릇의 의미를 사람에 비유하면 한 가지 분야에만 정통한 사람을 말한다. 만약 한 가지 분야에만 정통하다면 그 분야에서 최고가 될 수 있겠지만, 그 분야를 벗어나면 쓰이지 못하게 된다. 그러나 군자는 백성을 지도하고 이끄는 사람들이었기 때문에 한 가지 재능이나 한 가지 재주만 갖추어서는 그 역할을 다할 수 없었다. 그래서 공자는 군자는 그릇과 같은 사람이 되어서는 안 된다고 말했다.

실제로 옛날의 군자들은 정치는 물론 법률과 병법, 그리고 천문 연구와 물 관리 등 다양한 분야에서 재능을 발휘했다. 예를 들면 정약용은 과학자가 아닌 관리의 신분이었지만, 수원 화성을 지을 때 과학 지식을 활용하여 도르래의 원리를 이용해 거중기를 만들어 공사 기간을 단축했다.

한 가지 용도에만 쓰이는 그릇처럼 한 가지 분야에 국한된 삶을 살아가는 사람들은 잘되면 자기 분야에서 큰 성공을 거둘 수도 있지만, 대부분은 다양한 일들을 접하지 못하기 때문에 사회에서 필요한 사람으로 성장하기 힘들다. 인간 사회는 모든 분야가 유기적으로 연결되어 있고, 살아가는 데 있어 사람들과의 관계도 매우 중요하기 때문이다.

공자도 자신의 말처럼 군자불기(君子不器)로, 다재다능한 인물이었다. 공자의 부친은 지금의 현급 관리에 해당하는 읍재를 지냈는데 공자가 세 살 때 세상을 떠나 공자는 어렸을 때 곤궁한 집안 형편으로 거친 일을 하며 살았다. 공자는 생계를 위해 계씨(季氏) 집안의 가신으로 있으면서 창고 관리, 가축 여물 주기, 회계 일을 맡아서 하면서 기회가 주어지는 대로 열심히 공부해 자학(自學)으로 30세에는 학문의 대가가 되었다. 이러한 환경으로 인해 공자는 재주가 많고 다재다능했다.

〈자한〉 제6장을 보면 공자가 자신의 배경에 대해서 말하는 내용이 나온다.

태재가 자공에게 물었다. "공자께서는 성인이십니까? 어찌 그렇게 많은 재능을 지니셨습니까?" 자공이 말했다. "선생님께서는 진실로 하늘이 내리신 성인이시고, 또한 많은 재능을 지니고 계십니다." 공자가 이 말을 듣고 말했다. "태재가 나를 아는구나. 나는 어린 시절 가난했기 때문에 잡다하고 소소한 일을 두루 잘하게 되었다."

공자가 다방면의 지식에 능통하고 학문에서 최고의 대가가 될 수 있었던 이유는 삶에서 여러 가지를 두루 경험하면서 그와 병행해 학문에 매진했기 때문이다. 공자의 학문이 죽은 지식이 아니라 지금까지도 우리 삶에 적용할 수 있고, 또 시공을 뛰어넘어 우리 삶의 많은 문제를 해결할 수 있는 실마리가 되는 이유는 공자 자신이 학자이자 다방면을 체험한 생활인으로서 학문과 경험을 통해 얻은 삶의 지혜가 그의 가르침에 그대로 녹아 있기 때문이다.

특히 인공지능 시대에는 공자가 강조했던 통섭(일이관지)의 능력이 인재의 조건 중의 하나가 되었다. 이제는 한 분야의 지식이 뛰어난 사람이 아니라 문제해결 능력, 창의성, 혁신능력이 뛰어나고 다방면의 능력을 두루 갖춘 종합형 인재가 환영을 받는 시대가 되었다. 이에 따라 교육도 지식 중심이 아닌 지덕체를 겸비한 인재를 길러내는 전인교육의 시대로 전환하고 있다.

앞으로는 한 분야에 정통한 사람이 아니라 다방면을 꿰뚫어 자유자재로 연결할 수 있는 사람이 전문가로 환영받을 것이다.

君子不器

즐긴다는 것은 온전한 몰입이다

공자가 말했다. "아는 것은 좋아하는 것만 못하고, 좋아하는 것은 즐기는 것만 못하다."

〈옹야〉 제18장
子曰 知之者 不如好之者 好之者 不如樂之者
자왈 지지자 불여호지자 호지자 불여락지자

무엇을 함에 있어서 아는 것보다 좋아하는 것은 더 큰 동기부여가 되고, 좋아하는 것보다 즐기는 것은 더 큰 동기부여가 된다. 공부든 일이든 즐기는 것은 최고의 경지이자 포기하지 않고 끝까지 할 수 있는 원동력이 된다.

공자는 여러 제자 중에서도 안회를 가장 아껴 "안회는 학문과 도덕이 뛰어났다"라고 다른 제자들에게 한 것과는 달리 칭찬의 말을 아끼지 않았다. 공자가 안회를 높이 산 이유는 그는 진정으로 학문의 즐거움을 깨닫고 열심히 노력해 학문의 높은 경지에 올랐기 때문이다.

〈옹야〉 제9장을 보면 공자는 안회를 다음과 같이 극찬했다. "회는 어질도다! 한 소쿠리의 밥과 한 표주박의 물로 누추한 곳에 사는 것을 다른 사람들은 그 근심을 견디지 못하는데 회는 그 속에서도 즐거움을 누리는구나. 어질도다 회여!"

사실 가난함을 좋아하는 사람은 없다. 인간은 누구나 편안함과 풍요로움을 추구하게 마련이다. 그래서 대부분의 사람에게 가난은 근심거리가 된다. 그런데 안회는 학문에 대한 열정이 컸기 때문에 가난함 속에서도 도를 닦고 학문을 정진하며 그 속에서 즐거움을 누릴 수 있었다. 그래서 그에게 가난은 학문을 하는 데 큰 장애가 되지 않았다.

만약 안회가 학문의 목적을 입신출세에 두었다면, 열심히 해도 가난하고 초라한 자신의 처지가 원망스러워 학문에 계속 정진하고 싶은 마음이 사라졌을 것이다. 그리고 그러한 생각과 마음이 장애물이 되어 공자도 인정한 학문의 높은 경지에 다다르지 못했을 것이다. 그러나 그에게 학문은 수단이 아니라 삶의 궁극적인 목표였기에 안회는 즐기면서 학문에 매진할 수 있었다.

기네스북에 최고령의 모델로 등재된 1931년생의 카르멘 델로피체라는 여성이 있다. 그녀는 원래 발레리나가 꿈이었지만, 열세 살 때 류마티스열을 앓아서 발레리나의 꿈을 포기하고 열다섯 살에 보그 표지모델이 되었다. 카르멘은 스물여덟에 모델일을 은퇴했지만, 세 번째 이혼 후 생계를 위해 마흔일곱에 다시 모델로 복귀해 광고모델과 런웨이모델로 활발하게 활동했다. 2008년에는 최고령 모델로 기네스북에 올랐고, 90이 넘은 나이에도 여전히 모델로 활동하고 있다. 그녀는 인터뷰에서 "아직은 현역에서 물러날 생각이 없다. 105세까지 모델 일을 할 생각인데, 그때 다른 직업이 좋아진다면 그것으로 바꿔보겠다"라고 말했다.

카르멘은 80세 무렵에 두 무릎의 관절을 교체하는 수술을 받고도 런웨이에서 하이힐을 신고 워킹을 했다. 그녀가 90세가 넘어도 젊은 모델들에게 결코 뒤지지 않는 이유는 자신의 일을 완전히 즐기고 사랑하기 때문이다.

카르멘은 이렇게 말한다. "나이가 들어 열정이 사라지는 것이 아니라 열정이 사라져 나이가 드는 것이다."

어떤 일이든 사랑하고 즐기면 거기에 몰입하게 되고 자연스럽게 노력하게 된다. 즐기는 것은 곧 온전한 몰입이다. 그래서 즐기는 자를 이길 수 없는 법이다.

한 줄 필사

知之者 不如好之者 好之者 不如樂之者

감정의 균형을 잡아주는
저울추는 이성

공자가 말했다. "《시경》에 있는 〈관저〉의 내용은 즐겁지만 음란하지 않고, 슬프지만 비통하지 않다."

〈팔일〉 제20장
子曰 關雎 樂而不淫 哀而不傷
자왈 관저 낙이불음 애이불상

관저는 《시경》 〈국풍, 주남〉의 첫번째 편으로, 요조숙녀와 군자, 즉 남녀가 사랑을 이루어가는 과정을 비유적으로 읊은 시다. 공자는 관저 시를 즐겁지만 음란하지 않고, 슬프지만 비통하지 않다고 평했다. 다시 말해 감정의 중용을 이루고 있다는 말이다.

우리 인간에게 감정은 삶을 위해서 매우 중요한 요소다. 누구든 감정을 제대로 느끼며 살아야 행복하게 살아갈 수 있다. 그런데 문제는 감정이 도를 넘어서면 도리어 해를 끼친다는 것이다.

즐거움을 지나치게 추구하다보면 음란함에 빠지게 된다. 좀 더 자극적인 것을 원하고, 그 자극이 약해질 정도로 익숙해지면 더 큰 자극을 원하게 되는 것이 인간의 본능이다. 그것이 바로 중독이다. 요즘 우리사회는 마약이 암암리에 퍼지기 시작하며 10대 마약사범이 큰 폭으로 증가하고 있다. 또한 초등학생들도 인터넷을 기본적으로 사용함에 따라 초등학생 열 명 중 네 명은 성인용 영상을 시청한 경험이 있다고 한다. 성인도 즐거움을 탐닉하다보면 쉽게 중독에 빠지고, 일단 중독에 빠지면 그것을 벗어나기가 쉽지 않다. 그래서 알코올 중독, 마약 중독, 도박 중독 등은 치료가 되어도 쉽게 재발한다. 성인도 그러한대 어린 시절부터 마약을 하거나 성인물을 시청하며 자란 아이들은 즐거움을 추구하는 감정을 조절하는 능력이 떨어질 수밖에 없다. 또한 청소년기의 중독이 심각한 이유는 그것이 뇌와 신체의 내성을 바꾸어 건강에도 심각한 영향을 줄 수 있기 때문이다.

즐거움도 도가 지나치면 해가 되지만, 슬픔도 마찬가지다. 슬픈 감정을 너무 깊숙이 파고들어가면 우울증이 될 수 있다. 우울증이 심각해지면 일상생활이 힘들어지고, 극단적으로는 감정을 조절하지 못해 자살을 선택하는 사람들이 있다. 또한 슬픈 감정이 비통함으로 이어지면 신체에도 영향을 주어 몸이 상하게 된다.

분노도 마찬가지다. 적당하게 분노를 표출하는 것은 매우 바람직하다. 그렇지 않으면 분노가 내면에 쌓이다가 어느 순간에 배로 폭발하게 된다. 그러나 자주 분노하거나 심하게 분노를 표출하게 되면 인간관계에 금이 갈 수 있다. 그것을 당하는 사람은 불쾌할 수밖에 없고, 사람들은 화가 많은 사람을 기피하기 때문이다.

감정은 우리의 본능이자 욕구다. 그래서 이것을 적절하게 조절하고 절제하며 표현하기 위해서 필요한 것이 있다. 바로 이성이다. 기쁨, 분노, 슬픔, 즐거움, 사랑, 미움, 욕망과 같은 감정들은 이성을 저울추로 삼아 균형을 맞추어야 한다. 감정을 이성을 통해 과하지도 않고 모자라지도 않게 유지해야 건강한 삶을 살 수 있다.

한 줄 필사

樂而不淫 哀而不傷

질서를 지탱하는 힘은
우리 각자의 마음가짐이다

───────────── ◈ ─────────────

공자가 말했다. "사람으로서 인하지 않으면 예가 있다고 해도 무슨 소용이 있으며, 사람으로서 인하지 않으면 악이 있다고 해도 무슨 소용이 있겠는가?"

〈팔일〉 제3장
子曰 人而不仁 如禮何 人而不仁 如樂何
자왈 인이불인 여례하 인이불인 여악하

공자가 이 말을 한 것은 〈팔일〉 제2장의 사건이 배경이 된다. 맹손씨, 숙손씨, 계손씨라는 세 대부 집안에서 제사를 지낼 때 천자가 종묘에서 제사를 지낼 때 연주하는 《시경》의 옹장을 연주하면서 제사를 마쳤다. 공자는 이에 대해 "제후들은 제사를 돕고 천자는 장중하게 제사를 주관하신다는 노래를 어떻게 세 대부의 집에서 연주할 수 있는가?"라고 탄식했다. 맹손씨, 숙손씨, 계손씨는 당시 노나라의 경제권과 군사권을 장악하고 노나라를 좌지우지하는 세 집안이었다. 그래서 천자가 제사를 지낼 때 연주하는 노래를 그들 집안의 제사에서 연주한 것은 곧 월권행위나 마찬가지였다.

당시 예악(禮樂)의 의미는 신분제 사회에서 사회질서를 유지하기 위한 장치였다. 예는 의례(儀禮)를 말하는 것으로 통치자들이 백성을 다스리기 위한 의식(儀式)이고, 악은 음악을 말한다. 그래서 예는 질서를, 악은 화합을 뜻한다.

그런데 사회적으로 준수해야 하는 예악이 있음에도 맹손씨, 계손씨, 숙손씨 세 집안의 사람들은 인이라는 도덕을 갖추지 못했기 때문에 자신들이 마음대로 천자가 사용하는 노래를 사용하여 마음속에 있는 정권 장악을 노리는 참월을 표현하며 사회질서를 어지럽혔다. 그래서 아무리 좋은 제도가 있다고 해도 그것을 따르고 준수하는 도덕심이 없다면 좋은 제도가 있은들 소용이 없다고 공자가 말한 것이다.

요즘 학교의 위계질서가 무너져가고 있는 데는 가정의 위계질서가 무너져가고 있는 것에서 원인을 찾을 수 있다. 부모의 훈육이나 통제가 아이를 주눅 들게 만들고 억압한다는 의식이 확산됨에 따라 훈육과 통제 없이 아이 위주로 교육을 하다 보면 아이는 어른들에 대한 어려움을 모르고, 또 무엇이 옳고 무엇이 옳지 않은 것인지 분별하는 능력을 기르지 못하게 된다. 이러한 가정교육은 아이를 이기적이고 자기밖에 모르는 아이로 키우게 된다. 그렇게 자란 아이들이 학교에 모이면 당연히 선생님에 대한 존경심과 친구들에 대한 배려는 찾아볼 수 없게 된다. 또 이런 사람들이 사회에 나아가면 그 사회는 분열될 수밖에 없다. 그래서 가정에서부터 부모의 권위와 위계질서를 확립하는 일이 중요하다.

가정, 기업, 국가 등 모든 조직은 그 조직을 유지하고 화합하게 하는 예와 악이 존재한다. 그러나 구성원들이 서로를 존중하고 배려하는 인의 마음과 약속된 규율을 지키려는 도덕심이 근본적으로 존재하지 않는다면 제도와 규율은 허울일 뿐이다. 또한 위계질서가 무너진 조직은 반드시 혼란이 일어나 언제 무너질지 모르는 위태로운 상황에 놓이게 된다. 위계질서를 지탱하는 힘은 바로 구성원 각자가 그것을 지켜나가는 마음가짐에 있다.

한 줄 필사

人而不仁 如禮何 人而不仁 如樂何

교육의 방향이 삶의 질을 좌우한다

공자가 위나라의 수도에 갔을 때 염유가 수레를 몰았다. 공자가 말했다.
"백성이 많구나!" 염유가 말했다. "이미 백성이 많으면 또 무엇을 더해
야 합니까?" 공자가 말했다. "백성을 풍요롭게 해주어야 한다." 염유가
말했다. "이미 풍요롭다면 또 무엇을 더해야 합니까?" 공자가 말했다.
"가르쳐야 한다."

〈자로〉 제9장
子適衛 冉有僕 子曰 庶矣哉 冉有曰 旣庶矣 又何加焉 曰 富之
曰 旣富矣 又何加焉 曰 敎之
자적위 염유복 자왈 서의재 염유왈 기서의 우하가언 왈 부지
왈 기부의 우하가언 왈 교지

공자는 백성이 진정으로 그들을 위하는 제후를 만나 질서가 유지
되는 세상을 만들기 위해 제후들을 설득하려는 목적으로 여러 나
라를 주유했다. 그중 위나라의 수도에 도착해 작은 노나라보다 위
나라의 백성이 많은 것을 보고 감탄해 백성이 많구나 라고 말한

것이다. 백성이 많다는 것은 국가로서의 기본이 갖추어진 상태라고 할 수 있다. 국가가 기본이 갖추어지고 그다음으로 부강을 향해 나아가기 위해서는 가장 먼저 해야 할 일이 백성을 먹고살게 해주고 풍요롭게 해주는 일이다. 백성이 부유해지면 나라도 부유해진다. 그러면 국방력이 증대되어 나라의 힘이 강해진다. 그 이후에 자발적으로 질서가 유지되는 시스템을 갖추고 사람들의 문화의식을 높일 수 있도록 가르쳐야 한다. 이것이 공자의 정치에 대한 청사진이다.

사람이 사람답게 살아가려면 우선적으로 의식주가 해결되어야 한다. 의식주를 해결하려면 가장 필요한 것이 돈이다. 국가를 다스리는 지도자나 정치가들은 제일 먼저 국민의 의식주를 해결해 풍족하게 만들어주어야 한다. 그다음으로는 그 풍요로움이 오래 지속될 수 있도록 통치하고 가르쳐야 한다.

우리나라의 역사를 둘러보면 우리는 놀라운 경제성장의 역사를 갖고 있다. 일제강점기와 한국전쟁 이후 1960년대 우리나라 1인당 국민소득은 79달러에 불과할 정도로 우리는 매우 가난한 나라였다. 그러나 1960년대 경제개발 5개년 계획을 수립하고 수출공업화 정책과 부족한 자원을 경제성장 파급 효과가 높은 산업 분야에 투자하는 정책을 펼쳐 경제기반을 다졌다. 1970년대 전자, 철강, 자동차 등 산업이 발전하면서 1인당 국민소득이 1000달러를 넘기 시작했고, 2011년 연간 무역액이 1조 달러에 이르렀다. 그 결과 이제는 세계 경제 10위권이며, 1인당 국민소득 3만 달러가 넘는 경제대국으로 올라섰다.

우리나라의 기적에 가까운 경제 성장은 국민의 근면성과 매우 높은 교육열의 결과다. 예전의 부모들은 자신은 못 먹어도 자식만은 잘 가르쳐야 한다는 생각으로 자식의 교육에 열을 올렸고, 지금 우리나라는 사교육 열풍이 외국 뉴스에 나올 정도로 높은 교육열을 가지고 있다.

그런데 우리나라는 경제적으로 큰 성과를 거두고 교육열이 매우 높음에도 국민의 교육에 있어 문제점들이 드러나고 있다. 국제학업성취도평가(PISA)의 결과를 보면, 우리나라 학생들이 과학, 수학, 읽기에서는 대체적으로 높은 점수를 나타내지만, 학생의 자기주도학습능력이나 진로지도상황 등은 OECD 국가 중 최하위권에 머무른다. 이것은 우리의 교육이 입시와 지식 위주 교육에 치중되어 있음을 보여준다. 또한 노인빈곤율은 OECD 국가 중 1위를 차지한다.

공자가 말한 "가르쳐야 한다"의 교육의 의미는 국민이 시민으로서의 문화적 소양을 갖추고 자아실현을 통해 자립할 수 있도록 교육한다는 의미다. 더욱이 기술의 발전으로 인해 급변하는 트렌드와 사회적 상황에 유연하게 대처할 수 있는 교육은 앞으로 생존과도 직결되는 것으로 무엇보다 시급하고 중요한 문제가 되었다. 그런 점에서 우리의 교육이 문제해결능력과 정보활용능력을 길러주고 자신의 적성에 맞는 진로를 찾아가는 교육으로 변화할 필요가

있다. 또한 은퇴한 노년층을 위해 재취업 교육과 진로적성교육을
강화해야 한다.

그러나 우리가 명심해야 할 것은 나라가 부강해도 자신이 자신
의 미래를 위한 준비를 철저히 하지 않으면 불안하고 위태로운 미
래를 맞이할 수밖에 없다는 점이다.

한 줄 필사

旣富矣 又何加焉 曰 敎之

부와 지위는 정당한 방법으로
추구하고 얻자

◇◇◇

공자가 말했다. "도를 굳게 믿으면서 배우기를 좋아하며, 죽음으로써
지키면서 도를 잘 행해야 한다. 위태로운 나라에는 들어가지 말고, 어지
러운 나라에 거처하지 말아야 한다. 천하에 도가 있으면 자신을 드러내
고, 도가 없으면 자신을 숨겨야 한다. 나라에 도가 있는데 빈천하게 사
는 것은 부끄러운 일이며, 나라에 도가 없는데 부귀를 누리는 것 또한
부끄러운 일이다."

〈태백〉 제13장
子曰 篤信好學 守死善道 危邦不入 亂邦不居 天下有道則見 無道則隱
邦有道 貧且賤焉 恥也 邦無道 富且貴焉 恥也
자왈 독신호학 수사선도 위방불입 난방불거 천하유도즉현 무도즉은
방유도 빈차천언 치야 방무도 부차귀언 치야

돈과 명예는 우리가 살아가면서 매우 중요한 수단이 된다. 돈과 명
예가 있으면 많은 것을 실행하고 누릴 수 있다. 그래서 누구나 바라
고 얻고 싶어 하는 것이다. 그러나 누구나 바라는 것이기에 그것은

공정한 경쟁과 큰 노력을 통해 얻는 정당한 결과물이 되어야 한다.

공자는 바른 삶을 강조했지만, 적극적으로 나서서 관직을 얻고 정당하게 부귀를 추구하라고 말했다. 〈양화〉 제7장을 보면 적극적으로 현실에 참여하고자 했던 공자의 모습을 엿볼 수 있다.

고지식한 자로가 필힐이라는 사람이 공자를 초빙해서 공자가 가려고 하자 불만을 토로했다. "예전에 제가 선생님께 듣기를 '나쁜 짓을 한 사람에게 군자는 가지 않는다'고 하셨습니다. 필힐이 중모읍을 거점으로 삼아 반란을 일으켰는데, 선생님께서 가시려고 하시니 어째서입니까?" 공자가 말했다. "그렇다. 그런 말을 한 적이 있다. 그러나 진정으로 단단한 것은 갈아도 닳지 않는다고 말하지 않더냐? 진정으로 흰 것은 검게 물들여도 검게 되지 않는다고 말하지 않더냐? 내가 어찌 조롱박이겠는가? 어찌 매달려 있기만 하고 먹지도 못하는 것이겠느냐?"

공자는 결국 필힐의 초빙에 응하지 않았지만, 자신을 불러주는 곳에 가서 자신의 뜻을 펼치려는 의도가 있었다. "어찌 매달려 있기만 하고 먹지도 못하는 박이겠는가"라는 의미는 현실에 적극적으로 참여해 자신의 정치적 청사진을 펼치겠다는 의미다. 그래서 공자는 평생 관직을 얻기 위해 적극적으로 나섰다. 그러나 한 가지 원칙을 갖고 있었다. 그것은 "나라에 도가 있어야 한다"는 것이었다. 그래서 "천하에 도가 있으면 자신을 드러내고, 도가 없으면 자신을 숨겨야 한다"고 강조했다.

우리나라는 자기가 노력한 만큼 돈을 벌 수 있고 자기가 노력한 만큼 지위에 오를 수 있기 때문에 나라에 도(道)가 있는 상태로 볼 수 있다. 이러한 배경에서 부와 지위를 갖지 못했다면 자신의 노력이 부족한 것으로, 나태하게 산 것은 아닌지 스스로 반성해볼 필요가 있다.

그러나 우리 사회에 부패가 전혀 존재하지 않는 것은 아니다. 자신의 실력이 아니라 인맥과 뇌물로 부와 지위를 거머쥐는 사람이 실제로 많이 존재한다. 이것은 도(道)를 저버리는 행위다. 그래서 공정한 경쟁과 자신의 실력으로 떳떳하게 얻은 부와 지위가 아니라면 그것은 부끄러운 것으로 취하지 말아야 한다. 또한 불법적으로 얻은 것이라면 법의 처벌을 받아야 한다.

노력하지 않은 사람에게 기회를 주거나 노력하지 않은 사람이 노력한 사람들과 같은 권리를 누릴 수 있도록 하는 정책은 도를 잃어버린 정책이다. 또한 국가는 배경이 없지만 노력하는 사람이 부귀를 얻을 수 있도록 제도적으로 기회를 보장해주어야 한다. 평등한 기회와 공정한 결과가 보장되는 나라가 곧 도가 있는 나라다.

邦有道 貧且賤焉 恥也 邦無道 富且貴焉 恥也

내 주위의 사람이
가장 귀한 자산이다

✧✧✧

마구간이 불에 탔다. 공자가 퇴청하여 "사람이 다쳤느냐?"라고 묻고는
말에 대해서는 묻지 않았다.

〈향당〉 제12장
廐焚 子退朝曰 傷人乎 不問馬
구분 자퇴조왈 상인호 불문마

공자가 조정에서 일을 마치고 집에 와보니 마구간에 화재가 일어났
다는 이야기를 들었다. 이 말을 듣고 공자는 사람이 다치지 않았는
가를 가장 먼저 물어보고, 말에 대해서는 묻지 않았다. 당시 말은 교
통수단으로서 매우 귀한 재산 중의 하나였다. 지금으로 따지면 자
동차라 할 수 있을 것이다. 또한 당시에는 만승지국, 천승지국이라
는 개념이 있었다. 만승지국은 천자를, 천승지국은 제후를 의미했는
데, 만승지국은 만 대의 수레를, 천승지국은 천 대의 수레를 보유하
고 있음을 뜻한다. 그래서 말은 당시에 신분의 상징이기도 했다.

이렇게 귀중한 자산이 모여 있는 마구간이 불에 탔지만, 공자는 말에 대해서는 물어보지도 않고 사람들이 다쳤는지만을 물어보았다. 이것은 공자가 재물의 가치보다 자신과 함께 일하는 사람들의 안전을 더 중요하게 생각했음을 보여준다.

공자는 항상 제자들에게 인의 마음을 가지고 인에 이르기 위해 노력하라고 가르쳤다. 사실 좋은 말을 하고, 바른 사람인 척 행동하는 것은 어렵지 않다. 그러나 생활 속에서, 어떤 상황에서 무심코 또는 자연스럽게 나오는 행동을 통해서 우리는 그 사람의 본심을 알아볼 수 있다. 유명인들 중에서 강연이나 책에서는 청렴하고 바르게 살라고 항상 강조하면서 실제 사생활은 자신의 말과 전혀 일치하지 않아 논란거리가 되는 사람들을 볼 수 있다. 그러나 진실이 밝혀지면 그다음부터는 그 사람이 하는 말이나 행동은 전부 위선으로 느껴지게 마련이다. 신뢰를 쌓기는 어렵지만, 그것이 무너지는 것은 한순간이다. 공자가 제자들과 사람들에게 존경을 받았던 이유 중 하나는 그는 자신의 가르침을 몸소 실천했기 때문이다.

또한 우리는 공자를 통해 진정한 자산은 사람임을 배울 수 있다. 성공은 혼자만의 힘으로 이루어지는 것이 아니다. 회사나 조직에서 좋은 성과를 내기 위해서는 동료와 팀의 조력이 필요하다. 또한 우리는 살아가면서 가족, 주변 사람들의 지지와 도움으로 어려움을 헤쳐나갈 수 있다. 그래서 우리 삶에서 가장 소중한 자산은 바로 사람이다. 공자가 말보다 사람을 먼저 챙긴 것은 재화보다 내

주변 사람들을 더 귀중하고 소중하게 생각했기 때문이다.

투자의 귀재 워런 버핏도 사람을 큰 자산으로 강조한다. 그는 "저는 매일 제가 사랑하는 사람들과 제가 좋아하는 일을 하고 있습니다. 이보다 더 좋을 수는 없죠"라고 말한다. 그가 CEO로 있는 버크셔 해서웨이는 자산이 1조 달러가 넘지만 버크셔 본사에는 직원이 26명뿐이다. 버핏은 자회사의 주요 결정을 그 회사의 경영자에게 맡기고 권한을 철저히 위임하기 때문에 본사는 26명이라는 소수정예로 운영할 수 있다. 버크셔 해서웨이가 자산이 1조 달러가 넘는 거대기업이 될 수 있었던 배경에는 사람을 믿고 그들에게 권한을 위임하고 맡기는 이러한 전략이 효과를 거두었다고 할 수 있다.

공자나 오마하의 현인이라 불리는 버핏이 많은 사람에게 존경을 받고 큰 영향을 끼치는 이유는 무엇보다 사람을 소중하게 생각하는 가치관을 몸소 실천하고 보여주었기 때문이다.

한 줄 필사

廐焚 子退朝曰 傷人乎 不問馬

삶이 흔들릴 때 나를 다잡아줄 수 있는
좋은 문구들을 여기에 적어보세요

제3장

나를 찾아가는 길

論語

욕심은 출구 없는 재앙과 같다

— ◇◇◇ —

공자는 낚시질은 하지만 그물질은 하지 않았고, 주살질은 하지만 잠자
는 새는 쏘지 않았다.

〈술이〉 제26장
子 釣而不網 弋不射宿
자 조이불망 익불사숙

공자는 젊은 시절 집이 가난해 봉양과 제사를 위해 직접 낚시를 하
고 주살질로 새를 잡았다. 그러나 공자가 그물질로 대량으로 고기
를 잡지 않고 낚시질을 하고, 무분별하게 잠자는 새까지 잡지 않은
것은 필요 이상의 과한 욕심을 내지 않았기 때문이다. 또한 필요
이외의 살생을 하지 않은 태도를 통해 모든 생명을 소중하게 생각
한 공자의 덕성을 엿볼 수 있다.

　우리는 생존을 위해서 음식을 섭취해야 하고, 그 목적으로 농업
과 어업 등을 운영한다. 그러나 필요 이외의 과한 욕심과 욕망은

화를 불러오게 마련이다. 인류는 역사상 그 어느 때보다 문명과 과학의 발달로 물질적인 풍요로움을 누리고 수명을 연장해가고 있다. 그러나 더 풍족한 삶을 원하는 인간의 욕망으로 인해 지구라는 자연은 생태계의 교란, 기후 위기, 오염 등 각종 심각한 위기에 직면해 있다.

《노자》에서는 "오색찬란함은 사람들의 눈을 멀게 하고, 아름다운 음악은 사람들의 귀를 멀게 하며, 산해진미는 사람들의 입을 망쳐 놓는다"라고 하며 욕망을 경계하라고 말한다. 그 이유는 인간의 욕망이라는 것은 만족을 모르고 더 큰 욕망을 불러와 그 출구가 없기 때문이다. 우리는 좋은 것을 갖게 되면 더 좋은 것을 원하게 되고, 맛있는 것을 먹다 보면 더 맛있는 음식을 원하게 된다.

인간은 매년 2조 7천억 마리의 물고기를 잡아들이는데, 현재 대형 물고기의 90퍼센트가 사라졌고, 이러한 추세로 가면 2050년 무렵에는 바다가 텅 비게 되는 상황이 벌어질 수 있다고 전문가들은 경고한다. 문제는 물고기가 사라지면, 그로 인해 생태계가 무너지고, 이산화탄소가 증가하여 지구온난화를 가속화하는 결과를 불러온다는 점이다. 지구라는 자연은 서로 유기적으로 연결되어 있기에 어느 하나가 무너지면 연쇄적으로 다른 것들이 잇달아 무너지게 된다.

노자는 "욕망이 많은 것보다 큰 죄악이 없고, 만족을 모르는 것보다 큰 재앙이 없다"고 말했다. 우리는 연쇄적인 결과들을 생각하지 않고 우리의 욕망의 만족만을 생각하면 어떤 결과가 일어나는지 지구가 보여주는 재앙을 통해 확인하고 있는 셈이다.

그래서 개인이든 기업이든 국가든 발전과 풍요를 향한 액셀러레이터를 밟으면서 자신의 욕망이 어떠한 결과를 가져올지 생각해보고, 다른 생명체와의 공존과 지구의 보존을 위해 무엇이 최선의 길인지를 고민해봐야 한다. 그리고 공존을 위한 해법을 행동으로 옮기는 것만이 다 함께 생존할 수 있는 길일 것이다. 지구의 재앙은 결국 인류의 멸종이라는 최악의 결과를 가져올지도 모르기 때문이다.

한 줄 필사

子 釣而不網 弋不射宿

우리가 건너는 삶의 계단들

───◇◇◇───

공자가 말했다. "나는 열다섯 살에 학문에 뜻을 두었고, 서른 살에 자립했으며, 마흔 살에는 사물의 이치에 의혹을 갖지 않았고, 쉰 살에 천명을 알았으며, 예순 살에 귀로 듣는 것은 그대로 이해되었고, 일흔 살에 마음이 하고자 하는 바를 따라도 법도에 어긋남이 없었다."

〈위정〉 제4장

子曰 吾十有五而志于學 三十而立 四十而不惑 五十而知天命

六十而耳順 七十而從心所欲不踰矩

자왈 오십유오이지우학 삼십이립 사십이불혹 오십이지천명

육십이이순 칠십이종심소욕불유구

공자는 기원전 551년에 태어나 기원전 479년 생을 마침으로써 73년의 삶을 살았다. 그는 만년에 자신의 삶을 회고하며 삶의 과정을 위와 같이 정리해서 말했다.

공자는 열다섯에 학문을 하겠다는 뜻을 세웠다. 약 15년간 학문과 세상사를 몸으로 습득하게 되면, 그것이 익숙하게 되어 남이 가르쳐주지 않더라도 자연스럽게 행동으로 나타나게 된다. 그러나 자신의 욕심과 주변의 유혹으로 마음이 혼란스럽고, 때로는 환경에 따라 좌절하는 경우가 생기게 된다. 이러한 일들을 겪고 이겨내는 과정을 거쳐 40세가 되면 흔들리지 않는 견고함이 생기게 된다. 그러면 때와 장소에 따라 미혹됨이 없이 옳은 판단을 하고, 균형 있게 행동할 수 있는 경지에 서게 된다. 40세를 불혹이라고 한 것은 이러한 의미다.

50세가 되면 세상에 존재하는 모든 것들의 가치를 알게 되고, 자신의 소명을 알게 된다고 하여 지천명(知天命)이라고 했다. 60세를 이순(耳順)이라고 했는데, 사람들 사이에서 발생하는 불만과 갈등이 이해가 되고, 작은 일에도 큰 깨달음을 얻게 된다는 의미다. 그리고 70세가 되면 사사로운 욕심이 없어지고 인의 마음으로 자연스럽게 생각하고 행동하게 된다는 것이다.

공자는 삶의 단계를 이와 같이 6단계로 설명하며, 그 나이에 얻게 된 경지를 설명했다. 그러나 공자는 어렸을 때 가난해 생활전선에 일찍 뛰어들어 경험이 풍부했고, 또 학문에 대한 의지가 강해 열심히 노력해 30세에 이미 유명한 학자가 되었다. 그리고 학문의 목적을 도(道)에 두고 정진해 도덕적으로 큰 경지에 이르렀다. 그래서 우리가 공자와 같은 경지에 이르기는 쉽지가 않다. 또한 당시의 사회환경과 지금의 사회환경이 많이 다르고, 사람들의 수명도 훨씬 길어져 그 나이대에 깨닫는 깨달음이 공자가 말한 내용과 다소

다를 수 있다. 그러나 그 나이에 맞는 발달과업을 이루는 것은 인간의 삶에서 중요한 과정이다.

심리학자 에릭 에릭슨은 인간의 발달단계를 8단계로 나누고 각 단계마다 발달과업이 있다고 설명했다. 그중에서 청소년기(11세~18세)의 발달과업은 정체성, 성인기(18세~40세)의 발달과업은 친밀성, 중년기(40세~65세)의 발달과업은 생산성, 노년기(65세 이상)의 발달과업은 통합성이라고 말했다.

청년기에 자신이 어떤 사람인지 자아정체성을 찾기 시작하고, 성인기에는 본격적으로 사회생활을 시작하므로 친밀성을 통해 인간관계를 다지고, 중년기에는 자신의 분야에서 성취를 이루고, 노년기에는 자신의 삶을 돌아보며 자신이 이룬 많은 것을 수렴하고 정리하며 자신의 실수나 시행착오도 자신의 삶으로 받아들이며 통합하는 시기라는 의미다.

공자가 말한 60세 이후의 삶과 에릭 에릭슨이 말한 노년기의 발달과업은 자신의 소명을 깨닫고 자신을 받아들이고 세상과 조화롭게 살아가야 한다는 의미에서 일맥상통하고 있다.

이제는 100세 시대로 50의 나이도 삶에서 젊은 시기에 속하게 되었다. 그래서 마음가짐을 얼마나 젊게 가지고 긍정적이고 적극적으로 사느냐가 행복을 좌우한다. 100세를 넘기신 김형석 교수님은 장수 비법으로 2가지를 강조했다. 첫째는 공부와 일을 계속하는 것. 둘째는 감정을 젊게 가지도록 노력하는 것이다.

이제는 나이답게 사는 것보다 자신이 좋아하는 일을 즐기며 자기답게 사는 것이 행복한 삶으로 가는 길이다.

한 줄 필사

十有五而志于學 三十而立 四十而不惑

五十而知天命 六十而耳順 七十而從心所欲不踰矩

마음의 중심을 잃으면
쉽게 미혹된다

자장이 덕을 높이고 의혹을 가려낼 방법을 묻자 공자가 말했다. "충과 신을 기본으로 하여 행동이 의에 부합되게 하는 것이 덕을 높이는 것이다. 사랑할 때는 그 사람이 살기를 바라다가도 미워할 때는 그 사람이 죽기를 바라기 마련인데, 이미 그 사람이 살기를 바랐는데 또다시 죽기를 바라는 것이 미혹한 것이다. 미혹하다는 것은 진실로 풍요롭게 하지도 못하고 또한 단지 기이하게 될 뿐이다."

〈안연〉 제10장

子張 問崇德辨惑 子曰 主忠信 徙義 崇德也 愛之 欲其生
惡之 欲其死 旣欲其生 又欲其死 是惑也 誠不以富 亦祇以異
자장 문숭덕변혹 자왈 주충신 사의 숭덕야 애지 욕기생
오지 욕기사 기욕기생 우욕기사 시혹야 성불이부 역지이이

자장이 덕을 높이는 숭덕(崇德)과 미혹을 분별하는 변혹(辨惑)에 대해 질문하고 있다. 〈안연〉 제21장에도 번지가 무우의 아래에서 공자를 모시고 노닐 때 "덕을 높이고, 미혹됨을 분별하는 것에 대해

감히 여쭙겠습니다"라고 묻는 내용이 있다. 그러자 공자는 "일을 먼저하고 이득을 나중에 얻는 것이 덕을 높이는 것이 아니겠는가? 한때의 분노 때문에 자신을 잊고, 그 화가 부모에게까지 미치는 것이 미혹됨이 아니겠는가?"라고 대답했다.

번지는 학문을 추구하였으나 거칠고 소박하며 도량이 좁은 면이 있었다. 그래서 공자는 번지에게는 덕을 높이는 방법으로 이익보다 의로움에 기준을 맞추어 이익을 얻을 생각으로 조급하게 일을 하지 말라고 말했다. 또 미혹을 분별하는 방법으로는 한순간의 분노로 자신을 망치고 그 화가 부모에게까지 미치지 않도록 뒷일까지 생각하는 신중함으로 작은 분노도 잘 다스리라고 말했다.

반면 자장은 잘생긴 외모와 사람들과 잘 어울리는 성격을 갖고 있어 매우 외향적이고 적극적이었으며 성공하는 것에 관심이 많았다. 그래서 자장에게는 "진정성과 신뢰를 바탕으로 행동은 의를 따르는 것"이 덕을 높이는 것이라고 말했다. 또 미혹에 대해서는 감정이 때와 상황에 따라 이리저리 흔들리는 것을 예로 들며 감정을 이성으로 다잡아 안정적 상태를 유지하도록 하는 것이 미혹되지 않을 수 있는 방법이라고 말하고 있다.

이처럼 미혹은 이성보다 감정이 앞서며 어떤 기준이 없이 왔다 갔다 하고 갈팡질팡하면서 마음의 중심을 잡지 못하는 것이다. 인간에게 감정은 매우 중요한 존재이지만, 삶에서 감정에 기대어 행동하면 많은 것을 그르치게 된다. 공자가 말한 것처럼 한순간의 작은 분노를 참지 못하면 그 화는 걷잡을 수 없이 커질 수 있다. 특히 남들과 유기적으로 연결되어 있는 사회생활과 인간관계에서는 자신의 감정 조절은 매우 중요하다. 조직이나 직장에서 기준이 없이 이랬다 저랬다 하고 자기 기분에 따라 행동하는 사람들을 볼 수 있다. 만약 직장의 상사가 이러하면 부하직원들은 괴롭고 견디기 힘들게 된다. 그런데 그렇게 행동하는 사람은 주변 사람들에게 호감을 주지 못하고 환영을 받지 못하기 때문에 결과적으로 자신에게도 좋지 않은 결과를 가져온다.

또한 욕심과 탐욕이 작용하면 인간의 이성이 쉽게 마비되어 미혹되고 만다.

인간의 역사에서 십자군 전쟁은 가장 추악한 전쟁으로 꼽힌다. 십자군 전쟁은 11세기부터 13세기에 걸쳐 약 200여 년간 8차례에 걸쳐 이뤄진 당시 이슬람 세력의 영역에 있던 예루살렘의 지배권을 둘러싼 서유럽 기독교 국가들과 이슬람 국가들의 전쟁이다. 이 전쟁은 '신의 뜻'이라는 명분으로 시작되었지만, 그 밑바탕에는 신의 뜻을 빙자한 종교적 광기와 탐욕이 자리하고 있었다. 또한 이 전쟁을 통해 기득권 세력의 권력 다툼과 폭행의 자행으로 인해 수많은 무고한 백성이 학살을 당하고 목숨을 잃었다.

이 전쟁은 인간의 역사에서 탐욕과 광기가 어떠한 비극을 불러오는지 잘 보여주는 반면교사 중의 하나다. 그럼에도 불구하고 세계역사는 지금도 여전히 탐욕과 광기로 인한 전쟁을 끊임없이 되풀이하고 있다.

인간은 원래 이성과 논리보다는 감정과 감성에 훨씬 더 큰 영향을 받는 존재다. 따라서 이익에 현혹되고, 감정에 쉽게 휩쓸려 미혹되지 않도록 평정심을 유지하는 자세를 갖도록 노력해야 한다.

한 줄 필사

愛之 欲其生 惡之 欲其死

既欲其生 又欲其死 是惑也

성공과 실패는
나 자신에게 달려 있다

공자가 말했다. "산을 쌓는 것에 비유하자면, 마지막 흙 한 삼태기를 쏟아붓지 않아 산을 이루지 못하고 중지한 것도 내가 중지한 것이며, 땅을 평평하게 다지는 것에 비유하자면 흙 한 삼태기를 부었더라도 진전이 있었다면 내가 나아간 것이다."

〈자한〉 제18장

子曰 譬如爲山 未成一簣 止 吾止也 譬如平地 雖覆一簣 進 吾往也

자왈 비여위산 미성일궤 지 오지야 비여평지 수복일궤 진 오왕야

공자는 학문하는 데 있어서 마지막까지 나아가지 않고 중지해 완성을 이루지 못한 것은 자신의 선택이며, 또 지속적으로 노력해 작은 진전이라도 있다면 그것은 앞으로 나아간 것으로 그것을 선택한 것도 나 자신이라고 말한다. 멈춤과 나아감은 모두 자신에게 달린 것이지 남에게 달린 것이 아니라는 말이다.

일에서의 성취든 학문에서의 성취든 하루아침에 이루어지는 것은

없다. 출발선에서 시작해 결승선까지 한 걸음 한 걸음 나아가야 목표지점에 도달할 수 있다. 그런데 수많은 사람이 하는 실수 중의 하나는 공자가 말한 마지막 흙 한 삼태기를 쏟아붓지 않는 것이다.

〈마지막 한 걸음까지〉라는 영화가 있다. 이 영화는 실화를 바탕으로 제2차 세계대전 때 소련군의 포로가 되었던 독일인 클레멘스 포렐이 10여 년에 걸친 사투를 통해 마침내 가족의 품으로 돌아가는 이야기를 그리고 있다. 독일 육군 중위 클레멘스는 소련의 포로가 되어 강제수용소인 굴라크에 수용된다. 그는 중간에 탈출을 시도하지만 실패하고, 독일인 의사의 도움으로 끝내 탈출에 성공한다. 그는 시베리아 벌판과 중앙아시아를 거쳐 한 유대인의 도움으로 국경을 넘어 소련 영토를 지나 이란으로 들어간다. 그러나 그를 추격하던 수용소 소장 카마네프가 이미 소련-이란 국경에 먼저 도착해서 그를 스파이로 제보해 이란에서 사형 판결을 받는다. 하지만 이란 고위 관료의 도움으로 현지에 있던 독일 삼촌의 도움을 받아 10년 만에 가족들이 기다리는 집으로 돌아간다. 그의 탈출 과정은 내내 죽음보다 더한 고통과 고난의 연속이었지만, 그는 가족을 생각하며 결코 포기하지 않고 마지막까지 목표를 향해 한 걸음 한 걸음 나아간다.

〈마지막 한 걸음까지〉는 비록 영화이지만, 우리 삶도 이와 마찬가지다. 큰 꿈을 안고 사회에 첫발을 내딛는 순간부터 우리 앞에 펼쳐지는 현실은 결코 녹록하지 않다. 학교를 졸업하면 경쟁의 끝이라고 생각하기 쉽지만, 사회에서 치러지는 생존경쟁은 더욱 치열하다. 그 과정에서 수많은 좌절을 맛보며 처음의 열정과 꿈을 잃게 된다. 영화에서 클레멘스 포렐이 10년 만에 마침내 집으로 돌아갈 수 있었던 것은 목표를 향해 한순간도 포기하지 않기 때문이다. 만약 그가 절망감과 고통스러움을 감당하지 못해 포기했다면 중간중간 만나게 되는 조력자들의 도움을 얻지 못하고 생명을 잃거나 평생 집으로 돌아가지 못했을 것이다.

영화에서처럼 우리 삶에서의 기회는 포기하고 싶은 그 순간의 다음에 존재할 가능성이 크다. 우리가 그 순간순간을 넘어서면 기회가 주어지고 그 기회의 징검다리를 건너면서 마침내 성공의 문을 통과하게 되는 것이다. 그리고 공자의 말처럼 나아가고 중지하는 선택과 판단은 모두 우리 자신의 몫이다.

한 줄 필사

譬如爲山 未成一簣 止 吾止也

譬如平地 雖覆一簣 進 吾往也

배움이 발전이 되는 세 가지 자세

공자가 말했다. "배우려고 분발하지 않으면 일깨워주지 않고, 모르는 것을 묻고 표현하려고 애쓰지 않으면 깨닫도록 알려주지 않고, 한 가지를 가르쳐주었을 때 그것으로써 나머지 세 가지를 미루어 알지 못하면 반복해서 가르쳐주지 않았다."

〈술이〉 제8장

子曰 不憤不啓 不悱不發 擧一隅 不以三隅反 則不復也
자왈 불분불계 불비불발 거일우 불이삼우반 즉불부야

위에서 분(憤)이라는 의미는 내재적인 원리를 알고자 애쓰는 모습이고, 비(悱)의 의미는 알고는 있지만 입으로 표현하지 못하여 애쓰는 모습이다. 계(啓)는 그 원리를 깨닫게 가르쳐준다는 의미이고, 발(發)은 자신이 알고 있는 내용을 논리 있게 설명할 수 있도록 이끌어준다는 의미다. 공자는 알고자 하는 치열함이 있는 사람, 아는 것을 표현하고 실천하는 사람에게 더 발전할 수 있도록 가르침을 주고 이끌어주었다는 의미다.

　공자의 학습법 중 중요한 한 가지가 있다. 바로 일이관지(一以貫之)다. 일이관지란 하나의 이치로 모든 것을 꿰뚫다는 의미다. 이에 관련한 내용이 〈위령공〉 제2장에 실려 있다.

　공자가 말했다. "사야, 너는 내가 많이 배워서 알고 있는 사람이라고 생각하느냐?" 자공이 놀라서 대답했다. "그렇습니다. 아닙니까?" 그러자 공자가 말했다. "아니다. 나는 한 가지 이치로 모든 사물과 일을 꿰뚫어 본다."

　공자는 이처럼 사유의 능력을 중시했다. 위에서 말한 거일우이삼우반(擧一隅以三隅反)도 일이관지와 일맥상통한다. 그 뜻은 한 모퉁이를 들었을 때 나머지 세 모퉁이를 미루어 안다는 의미로 한 가지를 가르쳐주면 그것으로 나머지를 미루어 안다는 말이다. 사각형은 네 개의 모퉁이가 있는데 그중 하나를 들어 보여주면 생각을 통해 나머지 세 개의 모퉁이가 있음을 유추할 수 있다. 유추는 생각과 사유를 통해서 가능하다. 배우고 나서 생각하고 사유하지 않으면 자기 것이 되지 않으며, 지식이 확장되지 않고, 지혜가 생겨나지 않는다. 공자는 배우고 나서 거기에 자신의 생각을 더하고, 또 배운 것을 실천하는 것을 중시했기 때문에 생각하지 않고 자신의 사유를 더하지 않는 사람에게 더 이상 가르침을 주지 않은 것이다.

　공자는 위대한 학자이기도 하지만, 위대한 교육자이기도 하다. 그는 제자들을 일률적으로 교육한 것이 아니라 언제나 제자에게 맞는 맞춤학습을 실시해 상대가 필요한 부분을 일깨워주고 이끌어주었다. 에듀테크의 발달로 지금까지의 일률적이고 평준화된 교육 시스템의 시대가 점차 저물어가고 학생 개개인에게 맞는 맞춤형 학습과 개인화 학습 시대가 열림에 따라 공자의 계발식 교육법은 시대를 앞서간 우수한 교수법으로서 배울 점이 많다.

실제로 학생들 개개인의 성향, 수준, 적성은 모두 다르다. 그래서 진정한 교육은 학생에게 맞는 가르침을 주는 것이다. 미국 오하이오 주립대 연구팀이 〈심리과학(Psychological Science)〉에 발표한 연구결과는 자기존중감과 칭찬의 연관관계를 보여주는데 이를 통해 학생들에게 일률적인 교육이 아니라 그 학생의 성향에 맞는 교육이 진행되어야 교육이 효과를 발휘할 수 있음을 알 수 있다.

연구팀은 먼저 114곳 가정의 부모에게 수학 문제를 주고 아이에게 이를 풀도록 하였다. 연구팀은 이에 앞서 아이들의 '자기존중감 지수'를 측정했다. 두 번째는 240명의 어린이들에게 고흐의 그림을 베껴 그리도록 했다. 한 과제가 끝난 뒤에는 난이도가 더 높은 문제를 풀거나 다른 그림을 그리게 했다. 연구팀은 실험 과정에서 부모들이 아이들을 어떻게 칭찬하는지 관찰했고, 이를 적정한 칭찬과 과도한 칭찬으로 분류했다. 그리고 연구팀은 아이들의 반응을 비디오 촬영을 통해 관찰했다. 그 결과 자기존중감과 칭찬 사이에 큰 연관성이 있는 것으로 나타났다. 자기존중감이 높은 아이들은 통상적인 수준 이상의 칭찬을 받으면 더욱 고무되어 다른 과제를 수행하려고 하는 것으로 나타났다. 반면 자기존중감이 낮은 아이들은 그와 반대되는 행동을 보였다. 오히려 거부감을 보이고 다른 과제에 대한 흥미를 잃어버렸다. 이는 자긍심이 낮은 아이들에게 하는 과도한 칭찬은 오히려 반발심을 불러일으킬 수 있음을 보여준다.

같은 칭찬을 하더라도 아이의 성향에 따라 아이를 분발하도록 하는 자극제가 될 수도 있고, 오히려 부담으로 느끼고 더 이상 의욕을 잃게 하는 독이 될 수도 있음을 알 수 있다.

공자도 제자들이 성향과 수준에 따라 받아들일 수 있는 것이 다름을 인지하고 그에 따라 가르침을 진행했다.

그러나 배우고자 하는 적극적인 마음과 배우고 실천하는 노력이 없으면 아무리 좋은 가르침을 주어도 그 사람은 스스로 깨닫거나 크게 발전할 가능성이 없다. 그래서 좋은 가르침을 받는 것도 중요하지만, 그보다 더 중요한 것은 배우는 사람의 자세다.

한 줄 필사

擧一隅以三隅反

누구에게나 큰 기회는 온다

—— ◈◈◈ ——

자공이 말했다. "여기에 아름다운 옥이 있다면, 이것을 궤 속에 간직하
시겠습니까? 아니면 좋은 값을 쳐줄 상인에게 파시겠습니까?" 공자가
말했다. "팔아야지! 팔아야지! 나는 좋은 값을 쳐줄 상인을 기다리는 사
람이다."

〈자한〉 제12장

子貢曰 有美玉於斯 韞匵而藏諸 求善賈而沽諸
子曰 沽之哉沽之哉 我 待賈者也
자공왈 유미옥어사 온독이장저 구선고이고저
자왈 고지재고지재 아 대가자야

자공은 부유한 상인 가문 출신으로 이재에 밝아서 경제적으로 성
공한 인물로, 공자에게도 경제적으로 도움을 준 제자다. 그런 자공
이 아름다운 옥이 있다면 그것을 간직할 것인지 아니면 좋은 값을
쳐줄 상인에게 팔 것인지를 묻는다. 여기에서 아름다운 옥(玉)이란
공자가 관직에 오르는 것을 은유한 것이다. 공자는 이에 대해 좋은

값을 쳐줄 상인을 기다리겠다고 대답했다. 즉, 자신의 뜻을 펼칠 수 있도록 자신을 선택할 제후를 기다린다는 의미다. 더욱이 공자는 팔아야지 라고 두 번이나 말했다. 관직을 얻고 싶어하는 그의 조급한 마음을 읽을 수 있다.

공자는 질서를 바로잡기 위한 도(道)를 세상에 펼치고자 하는 뜻을 이루기 위해 관직을 얻기를 바랐다. 그러나 당시 제후들은 공자의 도를 백성의 안위나 올바른 정치에 이용하기보다는 자신의 권력을 키우고 패권을 차지하는 데 이용하고 싶어 했기 때문에 공자는 살아생전에는 뜻을 이루지 못했다.

공자는 이처럼 세상에 자신의 능력을 펼칠 수 있는 기회가 있다면 반드시 잡으라고 말했다.

누구에게나 인생에서 세 번의 기회가 온다고 한다. 다만 기회를 잡는 사람은 소수이고, 그 기회를 잡아서 성공에 이르는 사람은 더욱 드물다. 그 이유는 기회가 다가와도 기회인 줄을 모르는 사람이 많으며, 도중에 시련과 난관이 닥쳤을 때 그것을 넘어 기회를 성공으로 연결하는 사람은 더욱 적기 때문이다.

기회를 기회로 인식하고, 기회가 왔을 때 지체 없이 그것을 활용하기 위해서는 충분한 준비가 되어 있어야 한다. 세상에 자신의 재능을 펼치고 이름을 날릴 수 있는 능력을 계발하고, 끊임없이 새로운 지식과 기술을 공부하며 언제라도 기회를 잡을 수 있는 탄탄한 능력을 갖추고 있어야 한다.

또한 기회는 위기 속에 숨어 있을 때가 많다. 《도덕경》 제58장에서는 다음과 같이 말한다. "화(禍)에는 복(福)이 의지하고 있고, 복에는 화가 숨어 있다. 그러니 누가 그 끝을 알겠는가? 그것은 정해진 것이 없다."

위기라고 생각한 순간이 기회가 될 수도 있다는 말이다. 그래서 노력했음에도 실패하더라도 그 실패가 기회가 되도록 실패를 극복하고 끝까지 나아가는 자세가 필요하다. 성공은 결코 쉽게 오지 않기 때문이다.

그런데 세상에는 자신의 능력을 뜻을 펼치는 데 쓰는 것이 아니라 악을 펼치는 데 쓰는 사람도 많다. 〈이인〉 제5장에서는 이에 대한 경계로 다음과 같이 말한다. "부자가 되고 명예를 얻는 것은 모든 사람이 바라는 것이지만, 만약 정당한 방법으로 얻은 것이 아니면 취하지 말아야 한다. 군자가 인을 버리면 어떻게 세상에 명성을 드높일 수 있겠는가? 군자는 식사하는 동안에도 인에서 떠나지 않아야 하고, 황급한 상황에서도 반드시 인에서 벗어나지 않으며, 넘어지더라도 반드시 인을 지켜야 한다."

능력을 갖추어 부와 명예를 얻더라도 그에 걸맞은 인성을 함께 갖추어야 한다는 말이다. 그렇지 않으면 오히려 사회의 악이 되고 만다. 히틀러는 뛰어난 언변능력으로 한 나라의 지도자가 되었지만 인성의 결여로 수많은 사람을 희생시키고 인류사에 큰 피해를 주었다. 또 우리 사회를 보면 불법동영상 유포, 마약 투여, 인력 착

취, 부동산 사기, 주식 사기 등 불법으로 큰돈을 버는 사람들이 있다. 자신이 큰돈만 벌 수 있다면 다른 사람들이 어떤 피해를 입든 상관하지 않는 것이다. 한마디로 인성의 결핍이라 할 수 있다.

특히 우리 사회가 고학력, 고스펙 사회가 되어가면서 사회적으로는 인성이 결여된 사건사고가 끊이지 않고 있다. 뜻을 펼친다는 것은 자신의 능력을 세상에 보여주는 것과 더불어 그 능력으로 사회와 남에게 도움을 주는 것이 포함되어 있다. 그래서 능력을 펼쳐 자신이 성공하는 것도 중요하지만, 자신의 능력으로 타인을 돕고 사회에 기여할 수 있다면 그것은 가치 있는 삶이 된다.

한 줄 필사

我 待賈者也

내 일을 찾을 때 가장 중요한 가치

─────── ❖ ───────

공자가 말했다. "부를 만일 추구해서 얻을 수 있다면 비록 말채찍을 잡는 마부의 일이라도 나는 그것을 하겠다. 그러나 만일 추구해서 얻을 수 없다면 나는 내가 좋아하는 일을 하겠다."

〈술이〉 제11장
子曰 富而可求也 雖執鞭之士 吾亦爲之 如不可求 從吾所好
자왈 부이가구야 수집편지사 오역위지 여불가구 종오소호

《명심보감》〈성심〉편에는 다음과 같은 말이 있다. "큰 부자는 하늘에 달려 있고, 작은 부자는 부지런함에 달려 있다."

우리가 공부를 열심히 하고 직업을 얻는 데에는 자아실현 등 여러 가지가 이유가 있지만, 사실 누구나 궁극적으로는 많은 돈을 벌고 성공을 이루고자 하는 목표가 깔려 있다. 특히 자본주의에 살고 있는 우리는 누구나 많은 돈을 벌어 부자가 되고 싶어 한다. 그러나 실제로 큰 부자가 되고 큰 성공을 거두는 사람은 소수다.

1990년대 중반~2000년대 초에 IT붐이 일어나 당시 수많은 사람이 인터넷 관련 창업에 뛰어들었다. 네이버, 다음커뮤니케이션, 아마존, 텐센트, 바이두 등이 모두 그때 창업한 회사들이다. 당시 창업에 뛰어들었던 사람들은 모두 이와 같은 기업이 되는 것을 꿈꾸며 창업을 했을 것이다. 그러나 그 시기에 창업을 한 회사가 지금 남아 있는 회사는 10퍼센트도 되지 않으며, 위와 같은 굴지의 기업으로 성장한 회사는 0.1퍼센트도 되지 않는다. 누구나 큰 성공을 꿈꾸고 부자가 되고 싶어 하지만, 정말로 큰 부자가 되고 큰 성공을 거두는 사람은 매우 극소수일 뿐이다.

역사를 살펴보면 큰 부자는 실력과 함께 큰 운이 따라주어야 한다. 하지만 성실하고 부지런하게 자신의 일에 최선을 다하면 많은 사람이 어느 정도의 성공과 부를 성취하는 모습을 볼 수 있다. 그래서 직업이나 일을 선택할 때 돈을 얼마나 많이 벌 수 있는지에 집착하기보다 자신의 능력과 환경 안에서 최상의 결과를 낼 수 있는 현실적인 길을 모색하는 것이 가장 현명한 선택이다.

공자가 살았던 시대에 마부는 천한 직업에 속했고 돈을 많이 벌지 못하는 직업이었다. 공자는 부가 추구해서 얻을 수 있다면 마부와 같은 천한 일이라도 하겠지만, 그것이 아니라면 자신이 하고 싶은 일을 하겠다고 말했다. 공자는 도를 추구하는 학자였고, 학문에 재능을 갖고 있었기에 자신의 재능에 맞게 학문을 하겠다는 의미다. 또한 돈이라는 것이 추구한다고 누구나 많이 가질 수 있는 것은 아니기에 돈에 집착하지 않고 좋아하고 잘하는 일에 더욱 전념하겠다는 의미이기도 하다.

　오랫동안 자신의 일을 즐기면서 하기 위해서는 자신이 좋아하는 일도 중요하지만 그보다 자신이 잘하는 일을 찾을 필요가 있다. 직업과 일을 찾는 데 돈이 절대적인 가치가 될 수는 없지만, 그렇다고 좋아하는 일이지만 돈을 못 버는 일을 오랫동안 하기는 결코 쉽지 않다. 생계라는 현실적인 문제도 매우 중요하기 때문이다. 그래서 자신이 남들보다 잘할 수 있는 자신의 재능과 강점을 반드시 찾아야 한다. 그것이 경쟁력이 되고, 탁월한 성과와 일에서의 만족감을 가져다줄 수 있기 때문이다. 이는 자신의 능력과 환경 안에서 돈을 많이 벌 수 있는 가장 빠른 지름길이 될 수 있다.

한 줄 필사

富而可求也 雖執鞭之士

吾亦爲之 如不可求 從吾所好

하루의 반성은
삶을 정돈하는 과정이다

━━━━━ ◈◈◈ ━━━━━

증자가 말했다. "나는 날마다 세 가지에 대해 내 자신을 반성한다. 남을 위해 일을 도모할 때 정성을 다하지 못했는가? 친구를 사귈 때 신의를 저버리지 않았는가? 스승께서 전수한 가르침을 실천하지 않았는가?"

〈학이〉 제4장

曾子曰 吾日三省吾身 爲人謀而不忠乎 與朋友交而不信乎 傳不習乎
증자왈 오일삼성오신 위인모이불충호 여붕우교이불신호 전불습호

자신을 돌아보는 좋은 방법 중의 하나는 일기를 쓰거나 증자처럼 체크리스트를 만들어 점검해보는 것이다. 증자는 매일 세 가지에 대해 자신을 돌아본다고 말했다.

첫째, 남들을 위한 일을 할 때 스스로 최선을 다하고 정성을 다했는지 돌아본다. 여기서의 남은 가족이 될 수도 있고, 친구가 될 수도 있고, 직장 동료가 될 수도 있을 것이다. 우리가 무슨 일을 할 때 진심과 정성을 다하면 그것은 겉으로 드러나게 되고 상대방도

그것을 느끼게 된다. 특히 직장에서 주인의식을 갖고 작은 일도 최선을 다하고, 마치 자신의 일처럼 하는 성실함은 자신을 위해서도 또 함께 일하는 동료들을 위해서도 매우 좋은 자세다.

《중용》제23장에는 정성의 힘에 대한 이야기가 있다. "작은 것에서부터 최선을 다해야 한다. 작은 일에도 최선을 다하면 정성스럽게 된다. 정성스럽게 되면 내면적으로 형성되고, 형성되면 겉으로 드러나고, 드러나면 밝아지고, 밝아지면 사물을 감동시키고, 사물을 감동시키면 변하게 하고, 변하게 하면 만물을 감화시킬 수 있다. 그래서 오직 세상에서 지극히 정성을 다하는 것만이 감화시킬 수 있는 것이다."

이처럼 정성을 다하면 그것은 겉으로 드러나고, 이는 가정생활이나 직장생활 그리고 사회생활에서 좋은 결과를 가져다주는 밑거름이 된다.

둘째, 친구들과 우정을 나눌 때 그리고 대인관계에서 신뢰를 받게 행동했는지 돌아본다. 우리는 눈을 뜬 순간부터 사람과의 관계 속에서 살아간다. 그래서 인간관계는 우리가 살아가면서 가장 중요하면서도 가장 힘든 일 중의 하나다. 한 채용정보업체 설문조사에 따르면, 퇴사하고 싶은 이유를 묻는 질문에 '직장 내 힘든 인간관계'가 1순위로 꼽혔다. 이는 일보다도 사람과의 관계가 더 힘들다는 사실을 의미한다. 이렇게 중요한 인간관계를 잘하기 위한 첫 번째는 신뢰를 주도록 행동하고 신뢰를 받는 것이다. 이익에 따라 행동하고 변덕이 죽 끓듯 하는 사람과 관계를 맺고 유지하고 싶어 하는 사람은 없다. 신뢰가 없으면 갈등이 생기게 되고, 갈등이 깊어 지면 관계는 단절될 수밖에 없다.

행복과 성공의 조건에 대한 연구결과를 살펴보면 반드시 인간관 계 능력이 포함되어 있다. 또한 앞으로 100세 시대가 되면서 노후 를 위해 준비해야 할 것으로 건강과 재무 이외에도 사회적 관계가 중요한 요소로 꼽힌다. 인간은 관계 속에서 존재 가치를 찾고 행복 을 느낄 수 있기 때문이다. 그래서 자신의 인간관계를 수시로 돌아 보고 함께해야 할 사람들과의 관계를 점검해보는 것은 매우 중요 한 일이다.

셋째, 자신이 그동안 배웠던 것을 몸에 익혀서 실천하고 있는지 돌아본다. 학교에서 배운 지식도 자기 것으로 만들기 위해서는 복 습이 필요하고, 알고 있는 지식도 실천하지 않으면 소용이 없다. 진 정으로 안다는 것은 그것을 행동으로 연결하는 것이다.

자신을 돌아보는 체크리스트는 삶과 행동을 교정할 수 있는 근 거자료가 된다. 바쁜 일상에 매몰되다 보면 자신이 어디로 가고 있 는지 길을 잃어버릴 수 있다. 그러면 회의감이 들고 삶이 우울해진 다. 자신의 하루를 돌아보는 체크리스트를 만들어 점검하는 것은 마음과 삶을 잘 정돈하는 과정이 될 수 있다. 그러면 과도한 일과 치열한 삶에서 오는 번아웃과 스트레스, 막연한 미래에 대한 불안 등 심적인 부담을 다스릴 수 있다. 또한 삶에서 부닥치는 많은 난

관을 뚫고 나가는 힘이 되어준다.

한 줄 필사

吾日三省吾身 爲人謀而不忠乎

與朋友交而不信乎 傳不習乎

선동에 휩쓸리지 않는 법

—— ◈◈◈ ——

자공이 물었다. "마을 사람들이 모두 좋아하면 어떻습니까?" 공자가 말했다. "아직 부족하다." 자공이 물었다. "마을 사람들이 모두 미워하면 어떻습니까?" 공자가 말했다. "아직 부족하다. 마을 사람들 중에서 선한 사람이 좋아하고, 선하지 않은 사람이 미워하는 것만 못하다."

〈자로〉 제24장
子貢 問曰 鄕人 皆好之 何如 子曰 未可也 鄕人 皆惡之 何如
子曰 未可也 不如鄕人之善者好之 其不善者惡之
자공 문왈 향인 개호지 하여 자왈 미가야 향인 개오지 하여
자왈 미가야 불여향인지선자호지 기불선자오지

공동체에서 의견은 다양하게 존재하기 마련이다. 각자의 입장이 다르고 서로의 이익이 다르기 때문이다. 사람들 다수가 지지하거나 반대하는 의견은 있을 수 있지만 모든 사람이 좋아하거나 모두가 미워한다면 그 안에는 무언가 꾸밈이 있을 수 있다. 그래서 공자는 선한 사람이 좋아하고, 선하지 않은 사람이 미워하는 것만 못

하다고 말한 것이다.

온 마을 사람들이 그를 좋아한다면, 선하지 않은 사람도 그를 좋아하는 것으로 그는 자신의 인기와 이익을 위해 선하지 않은 사람들에게 아첨하고 영합하는 사람일 수 있다. 또 온 마을 사람들이 그를 미워한다면 어떤 선동에 의해 여론이 그렇게 움직이는 것일 수 있다. 그래서 그 사람이 진실로 선한 사람이라면 선한 사람들이 좋아할 것이고, 그와 다른 부류인 선하지 않은 사람들은 그를 미워할 것이다. 공자는 어떤 인물을 판단할 때 여론에 휩쓸리지 말고 냉철하게 분석해 판단하라고 말하고 있다.

이것은 우리가 정치인을 판단할 때도 매우 유효하다.

선거철만 되면 정치인들이 시장을 돌면서 사진을 찍고 퍼주기식 공약을 남발하는 모습을 볼 수 있다. 문제는 그 공약들이 오랜 시간을 거쳐 연구를 통해 나온 우리 사회에 필요한 정책이 아니라 표를 얻기 위한 날림 공약이 많다는 점이다. 그래서 선거에서 당선된 뒤에 실제로 그 공약을 실현하기 위해 노력하거나 추진하지 않는 경우가 매우 많다.

또한 정치인들이 자신들의 세력을 확장하고 유지하기 위해 어떤 프레임을 만들어 편 가르기를 하는 모습을 쉽게 볼 수 있다. 보수와 진보, 지역, 이념 등 프레임을 만들어 자기 편에 속하면 정의 아니면 불의라는 식으로 편을 가르고, 대중도 그에 따라 갈라지는 모습을 볼 수 있다.

또 의견이나 주장이 다른 상대 진영 정치인을 제거하려는 목적으로 스캔들, 비리 등 음모를 조작하고 여론을 조성해 사장시키는 경우도 많다.

그래서 여론이나 군중심리에 휩쓸리지 않고 그 인물에 대한 바른 평가와 판단을 내리기 위해서는 어떤 한 시점의 활동이나 업적, 여론의 평가보다 그 사람이 오랫동안 해온 활동을 두루 살펴보고 그 사람의 역사를 살펴보며 종합적인 판단을 내릴 필요가 있다. 그렇지 않으면 표면적으로 보이는 허상에 휩쓸려 잘못된 판단을 내리기 쉽다.

국가의 정치를 이끌 정치인이나 지도자를 뽑는 일은 국가의 미래와 국민의 삶을 위해서 매우 중요한 일이다. 자격이 있는 지도자와 정치인을 뽑기 위해서는 국민인 우리 각자의 냉철한 판단력이 무엇보다 중요하다.

한 줄 필사

不如鄉人之善者好之 其不善者惡之

생각의 힘을 길러
진실을 보는 눈을 키우자

— ◈◈◈ —

공자가 말했다. "많은 사람이 그를 미워하더라도 반드시 살펴보고, 많은 사람이 그를 좋아하더라도 반드시 살펴보아야 한다."

〈위령공〉제27장
子曰 衆 惡之 必察焉 衆 好之 必察焉
자왈 중 오지 필찰언 중 호지 필찰언

인터넷이 발달하면서 우리는 정보의 홍수 속에서 살고 있다. 여기에는 좋은 정보도 많지만, 그 이상으로 무분별하고 거짓된 정보들도 넘쳐난다. 또한 개인은 자신의 의견을 표현하기가 매우 쉬운 시대가 되었다. SNS를 보면 사람들은 자신의 감정과 의견을 여과 없이 올리거나 쉽게 쏟아낸다.

온라인이라는 미디어로 인해 개인의 표현의 자유가 최대한 보장되고, 다양한 정보를 모든 사람이 쉽게 볼 수 있다는 점은 온라인의 순기능이라 할 수 있다. 그러나 정보와 개인의 의견이 대다수의 사람에게 여과 없이 노출되고, 각자 자신의 의견을 쏟아내면서 이로 인해 쉽게 여론이 조장될 수 있다는 점은 온라인의 역기능이다. 만약 그 여론이 사실에 기반하지 않은 단순한 쏠림 현상이거나 방향이 잘못된 것이라면 큰 위기를 초래할 수 있다.

특히 악성댓글의 심각성은 사회적 문제 중의 하나가 되었다. 진실과는 다른 거짓 또는 추측성 의견이 몇몇 사람의 선동과 악의적인 조작으로 인터넷에 급속히 퍼지며 진실로 둔갑해 소문의 당사자를 괴롭히는 일이 비일비재하다. 이로 인해 목숨을 끊는 사람도 많다. 만약 나중에 진실이 아니라고 밝혀지더라도 죽은 사람은 돌아올 수 없는 법이다. 또 청소년들 사이에서도 악성댓글로 특정 학생을 괴롭히고 왕따를 시키는 일이 매우 많다. 말은 사람을 살릴 수도 있고 죽일 수도 있는 강력한 힘을 갖고 있다. 악성댓글은 사람을 해치는 흉기가 될 수 있으므로 반드시 사라져야 하는 사회적 문제라 할 수 있다.

원래 좋은 말이나 좋은 일보다는 남에 대한 험담, 사생활 엿보기, 혹평 등은 사람들의 호기심을 자극해 매우 빠르고 널리 퍼지고, 일단 여론이 조성되면 사람들은 그것을 쉽게 믿는다. 또한 SNS가 발달하면서 역기능 중의 하나는 사람들이 갈수록 생각하는 것을 싫어한다는 점이다. 영상을 소비하는 데 익숙해지면 깊이 생각하고 판단하는 능력을 키우지 못하게 된다. 그러면 남들의 선동과 여론에 휩쓸리기 쉽다.

그래서 공자가 말한 것처럼 어떤 여론이 형성되어 많은 사람이 그를 욕하고 미워하더라도 진실이 무엇이고 거짓이 무엇인지 살피고 확인할 필요가 있다. 또 반대로 수많은 사람이 좋아하는 사람이라 해도 미디어의 힘에 의해 과장되거나 포장된 사람일 수도 있으므로 그에 대한 여러 가지 정보를 살펴서 판단해야 한다.

어떤 사안 또는 인물에 대해 분위기나 여론에 휩쓸리지 않고 우리 각자 살피고 판단하는 일은 억울한 피해자를 만들지 않기 위한 한 방법이다. 각자가 스스로 생각하고 올바르게 판단하는 문화가 정착되지 않으면 악성댓글이나 여론몰이의 피해자가 어느 날 우리 자신이 될 수도 있다.

한 줄 필사

衆 惡之 必察焉 衆 好之 必察焉

우리 모두는 연결되어 있다

사마우가 근심스러운 표정으로 말했다. "사람들은 모두 형제가 있는데 나만 홀로 없구나." 자하가 말했다. "내가 듣기로 사람이 살고 죽는 것은 운명에 달렸고, 부귀는 하늘에 달렸다고 하였네. 군자가 삼가고 실수하지 않고, 사람들과 교제하면서 공손하고 예를 지키면 온 세상 사람들이 모두 형제인데 군자가 어찌 형제가 없음을 걱정하는가?"

〈안연〉 제5장

司馬牛憂曰 人皆有兄弟 我獨亡 子夏曰 商聞之矣 死生有命 富貴在天
君子敬而無失 與人恭而有禮 四海之內 皆兄弟也 君子何患乎無兄弟也
사마우우왈 인개유형제 아독무 자하왈 상문지의 사생유명 부귀재천
군자경이무실 여인공이유례 사해지내 개형제야 군자하환호무형제야

사마우는 공자의 제자로 자하와 동문이다. 그는 자신의 형이 송나라에서 모반을 꾀하다 실패해 사형에 처할 위기에 처하자 자하를 찾아가 위와 같이 하소연했다. 그러자 자하는 자신의 행동을 삼가고 남에게 예의 바르게 하면 사람들의 마음을 사 친구들을 얻게 되

는데 어찌 형제가 없음을 걱정하느냐고 조언해주고 있다.

천하의 모든 사람이 형제라는 의미의 고사성어 사해형제(四海兄弟)는 여기에서 유래한 것이다.

《묵자》〈겸애〉편에도 비슷한 말이 있다. "남의 나라를 자신의 나라처럼 여기고, 남의 가정을 자신의 가정처럼 여기며, 남의 몸을 자신의 몸처럼 여겨야 한다."

우리가 남의 나라를 자신의 나라처럼 여기고, 남의 가정을 자신의 가정처럼 여기고, 남의 몸을 자신의 몸처럼 여긴다면 사해(四海)는 마치 한 가족과 같이 될 것이다. 그러면 서로 사랑하고 돕게 되어 경쟁과 갈등이 사라지고, 전쟁이 없는 세상이 될 수 있다.

사실 이것은 매우 이상적인 이야기로, 경쟁과 개인주의가 팽배한 현대사회에서는 실현이 불가능한 일이다. 그러나 요즘 우리 사회에 일어나는 심각한 사건 사고들은 모두 극단적인 자기 중심주의와 공감능력이 부족한 데 기인하고 있다.

예를 들어 데이트 폭력이나 헤어지자고 하는 상대를 살해하는 사건들을 뉴스와 신문에서 자주 보게 된다. 이는 '너가 뭔데 내 맘대로 안 되는 거야' '너가 나한테 어떻게 이럴 수 있어'라는 자기중심적 생각에서 유발되는 수치심이나 모멸감을 상대에게 폭력을 휘둘러 해소하려는 행위다. 이런 사람들은 상대의 감정과 입장은 전혀 상관하지 않은 채 오직 자신의 감정과 입장만 중요하게 생각하는 사람들이다.

만약 이런 사람들이 자신과 자신의 감정을 중요하게 여기는 그 마음으로 상대의 감정도 중요하며 상대도 소중한 존재라는 점을 이해한다면 극단적인 원한, 미움, 분노로 치닫지는 않을 것이다.

또한 직장에서 일어나는 불통 문제도 마찬가지다. 상대의 입장을 고려하지 않고 자신의 생각만이 옳다고 여기기 때문에 상대를 이해할 수 없고 상대가 틀렸다고 생각하는 것이다.

이러한 공감의 결여, 즉 나와 타인을 철저히 분리하는 생각은 사람들 간의 불화와 사회적 긴장감을 조장하게 된다. 우리 사회에 갈수록 심각한 사건 사고가 끊이지 않고 있는 것도 이러한 이유 때문이다. 우리 각자가 내 식구가 소중한 만큼 남의 식구가 소중하고, 내 자신이 소중한 만큼 남이 소중하다는 마음가짐을 가지면 개인적으로는 인간관계에서의 갈등을 줄일 수 있고, 크게는 증오와 불관용으로 인해 발생하는 사회적 갈등을 해소할 수 있다. 우리 모두는 이 세상에서 서로 연결되어 있음을 잊지 말자.

한 줄 필사

死生有命 富貴在天

앎의 단계

—— ◈◈◈ ——

공자가 말했다. "잘 알지도 못하면서 멋대로 지어내는 사람들이 있다. 나는 그러한 것이 없다. 많이 듣고 그중에서 좋은 것을 선택해서 따르고, 많이 보고 그것들을 기억해둔다면 이것이 앎의 다음에 해당한다."

〈술이〉 제27장
子曰 蓋有不知而作之者 我無是也 多聞 擇其善者而從之
多見而識之 知之次也
자왈 개유부지이작지자 아무시야 다문 택기선자이종지
다견이지지 지지차야

〈팔일〉 제15장에는 다음과 같은 내용이 나온다. 공자가 주공의 사당인 태묘에 들어가 제사를 모실 때 모든 과정을 물어서 진행했다. 그러자 어떤 사람이 이렇게 말했다. "누가 추읍 사람의 아들이 예를 잘 안다고 하였는가? 태묘에 들어와 매사를 묻지 않는가?" 공자가 그 말을 듣고 "그렇게 하는 것이 예다"라고 말했다.

공자는 예악에 밝은 사람으로 알려져 노나라 군주를 모시고 제사를 도운 것인데 매사를 물어서 진행하자 어떤 사람이 공자가 몰라서 그런다고 생각하고 누가 공자가 예를 잘 안다고 한 것이냐고 무시하는 투로 비꼬았다. 그러자 공자는 그곳의 형식에 맞게 제사를 지내는 것이 예이기 때문에 그렇게 한 것이라고 말했다.

공자는 체면을 생각해 그곳의 형식을 알지 못하지만 묻지 않고 아는 척하면서 제사를 모셔 자신의 명예를 지킬 수도 있었다. 그러나 공자는 하나하나 따져 물으며 최대한 그곳의 형식에 맞게 제사를 모셨다. 공자는 많은 공부를 해서 학문의 대가로 알려졌음에도 알지 못하는데 아는 척하거나 잘 알지 못하면서 함부로 행동하지 않았다. 벼는 익을수록 고개를 숙인다는 말처럼 지식이 뛰어났음에도 겸손하고 자신을 낮출 줄을 알았다.

그러나 세상에는 얕은 지식으로 현학적 허세를 보여주는 사람이 많다. 특히 요즘은 SNS가 대세가 되면서 깊이 있는 지식보다는 얕은 지식들이 더 인기를 누리자 겉핥기식으로 공부해 전문가인양 행세하는 사람도 많다. 또 유명 인기강사가 남의 의견이나 이론을 출처를 밝히지 않고 마치 자신의 생각인 것처럼 이야기하는 경우도 비일비재하다. 그런 사람들일수록 밑천이 드러나고, 잘 알지 못하면서 함부로 떠들어 문제를 일으키기도 한다. 또 드라마, 노래, 디자인, 문학작품의 표절문제는 끊이지 않는 뉴스거리다. 자신의 결과물을 내기에 급급해서 남의 창작을 함부로 가져다 쓰거나 일정 부분 이상 그대로 베끼는 것이다. 그러나 이러한 행동은 범법

행위로 빨리 가려다가 오히려 자신을 망치게 된다.

공자의 마지막 말은 지식을 쌓는 방법이라 할 수 있다. 지식을 쌓기 위해서는 많이 보고, 듣고, 경험해야 한다. 그리고 그중에서 좋고 가치가 있는 것은 취사선택해 기록하며 모으다보면 자료가 된다. 여기까지는 앎의 다음에 해당한다. 앎의 최종 단계는 자신이 아는 것을 자신의 것으로 만들고 또 삶에서 실천하는 것이다. 이것이 바로 진정한 앎이다. 공자도 과거부터 전해내려 온 많은 책 속의 좋은 말들과 글들을 모으고 정리한 뒤 체계를 만들어 자신의 학문을 세웠다. 그리고 삶에서 실천했다.

책 쓰기와 강의는 아는 것을 자신의 것으로 만들 수 있는 좋은 방법이다. 제대로 알고 이해해야 책을 쓰고 강의를 할 수 있기 때문이다. 가장 먼저 수많은 정보 중 가치 있는 지식을 모으고, 그것을 기록하고, 기록한 것을 생각하고 사유하면서 내 지식으로 만들고, 지식을 바탕으로 새롭게 창작하고 아는 것을 실천하는 것이 앎의 단계다.

한 줄 필사

多聞 擇其善者而從之 多見而識之 知之次也

공정함의 잣대로 사람을 판단하자

━━━━━━━━━━ ◈◈◈ ━━━━━━━━━━

공자가 말했다. "오직 인한 사람만이 사람을 좋아할 수 있고, 또 미워할 수 있다."

〈이인〉 제3장
子曰 惟仁者 能好人 能惡人
자왈 유인자 능호인 능오인

인이란 널리 사람들을 사랑하는 마음이다. 그래서 인한 사람은 공적인 일을 할 때 사욕이나 사심이 없다. 사욕과 사심이 앞서면 공정함이 없어지게 된다. 공정함이 있어야 올바르게 행동하는 사람을 좋아하고, 올바르게 행동하지 않는 사람을 미워하는 제대로 된 판단력을 갖추게 된다.

그런데 우리는 모두 사욕과 사심을 갖고 있기 때문에 편견과 선입견이라는 안경을 쓰고 있다. 나와 생각이나 의견이 비슷한 사람은 좋게 보이지만, 나와 생각이나 의견이 많이 다른 사람은 어쩐지

거리감이 느껴지고 심지어 미워하는 감정이 생기게 된다. 그리고 혈연, 학연, 지연으로 연결되어 있는 사람들에게는 관계가 없는 사람들보다 더 큰 유대감을 느끼게 된다.

특히 우리나라는 동서로 갈리는 지역감정의 골이 깊다. 선거를 하면 정치를 잘하는 유능한 인물이 뽑히기보다 그 지역에 맞는 정치색을 띤 인물이 뽑히는 경우가 대부분이다. 국민을 위한 좋은 정치를 펼칠 수 있는 사람이 아니라 사상이 맞는 인물을 원하는 것으로 볼 수 있다. 이것은 다시 같은 편이면 선, 다른 편이면 악이라는 프레임을 만들어 모든 것을 흑 아니면 백으로 가른다. 정치를 하는 기준이 정의와 다수의 이익이 아니라 내편인지 아닌지가 기준이 되면 화합과 공정함은 기대할 수가 없다.

공자는 이상적인 정치는 "선한 사람이 좋아하고, 선하지 않은 사람이 미워하는 것"이라고 했다. 부패한 사회나 부패한 국가를 보면 선하지 않은 악인들이 정의를 구현하려는 사람들을 혐오해 권력으로 그들을 억누르고 제거하면서 자신들의 권력을 키운다. 거대한 마약조직이 있는 남미 국가들을 보면 정치인들이 그들의 하수인일 만큼 부패가 만연하고 정치가 기능을 상실한 모습을 볼 수 있다. 세계에서 가장 돈이 많은 범죄자로 불렸던 콜롬비아 마약왕 파블로 에스코바르는 돈으로 정치인과 경찰들을 매수하고 자신의 돈을 받지 않고 정의로운 길을 가는 사람들은 모두 제거했다. 그렇게 한 국가를 자신의 손아귀에 넣고 마약을 판매해 1993년 당시 개인재산이 30조 원에 이르렀다.

　물론 이것은 부패의 극단에 이른 나라의 모습이지만, 우리의 정치와 사회에도 부정부패는 여전히 존재하고 있다. 그래서 좋은 정치가 이루어지고 공정한 사회가 형성되기 위해서는 선한 사람들이 다수의 지지를 얻고 뜻을 펼칠 수 있는 사회적 정서가 형성되어야 한다. 그것은 개개인의 역할이 중요하다. 사욕과 사견에 기반한 편견과 선입견의 안경을 벗고 공정함과 정의로움이 기준이 되는 사회적 정서를 만들어가야 한다.

　"진실로 인에 뜻을 두면 악함이 없다"는 공자의 말씀을 우리가 마음에 새기고 행동의 기준으로 삼는다면 삶에서 일어날 많은 리스크를 막아줄 수 있는 방패가 되어줄 것이다.

한 줄 필사

惟仁者 能好人 能惡人

모든 사람은 가려서
배울 점이 있는 스승이다

공자가 말했다. "세 사람이 길을 가면 그중에 반드시 나에게 스승이 될 만한 사람이 있다. 그들 중 선한 사람을 가려서 따르고, 선하지 못한 사람을 자신을 고치는 본보기로 삼아야 한다."

〈술이〉 제21장
子曰 三人行 必有我師焉 擇其善者而從之 其不善者而改之
자왈 삼인행 필유아사언 택기선자이종지 기불선자이개지

세 사람 가운데 한 명은 나이고 나머지 두 명은 다른 사람이다. 훌륭하고 장점을 가진 사람이 있으면 본받아 자신을 발전시키고, 부족하거나 행실이 좋지 못한 사람이 있으면 반면교사로 삼아 자신을 고치고 개선하라는 말이다.

　여기서 길은 우리의 삶이기도 하다. 우리는 삶에서 세 명이 아니라 수많은 사람을 만나고 각양각색의 사람들을 보게 된다. 그중에는 인덕이 있고 존경할 만한 사람도 있고, 자기밖에 모르고 자신의 이익을 위해 남에게 피해를 입히는 사람도 있을 것이다. 또 학식이 높고 늘 공부하고 노력하는 사람이 있고, 시간을 흘려보내며 되는 대로 사는 사람도 있을 것이다. 그중에서 학식이나 행실 면에서 우수한 사람을 본받아 따르고, 인성이나 행실이 좋지 못한 사람은 반면교사로 삼아 자신을 돌아보고 좋지 않은 점을 고쳐나가면 끊임없이 성장할 수 있는 길이 된다.

공자는 "잘못이 있음에도 고치지 않는 것을 잘못이라고 이른다"라고 하면서 잘못된 점의 개선을 강조했다. 우리는 누구나 부족함과 단점을 갖고 있다. 어떤 사람의 부족한 점을 보았을 때 단지 부족하다고 생각하고 지나치는 것이 아니라 자신은 그렇지 않은지 돌아보고 그것을 개선해 나가는 행동이 뒤따라야 발전이 있게 된다. 또한 자신보다 우수하고 뛰어난 사람을 보았을 때 단지 부러워하거나 나는 왜 그렇지 못한지 질투하는 것이 아니라 그것을 본받아 모방하고 따르며 자신의 발전의 밑거름으로 삼을 필요가 있다.

성공의 방법론 중 하나는 자신이 이루고 싶은 목표의 롤모델을 정하고 그 사람을 모방해 따라하는 것이다. 그래서 한 명 이상의 롤모델을 갖고 있는 것은 자신이 원하는 삶에 가까워질 수 있는 방법이기도 하다.

〈술이〉 제2장을 보면 공자는 자신에 대해 "묵묵히 아는 것에 힘쓰고, 배움을 싫증내지 않으며, 남을 가르치기를 게을리하지 않는다"라고 말했다. 그래서 공자를 평생학습의 전범이라고 말한다.

세상에는 평생 배워도 시간이 모자랄 정도의 수많은 지식이 있다. 더욱이 지금처럼 자고 일어나면 신기술이 쏟아지고, 그로 인해 사회의 패러다임이 계속해서 변화하는 시대에 끊임없이 배우고 실천하는 자세는 자신의 발전을 위해 무엇보다 중요하다.

배움은 단지 글을 읽고 책을 보는 것만을 말하는 것이 아니다. 우리는 사람들을 통해서도 많은 것을 배우게 된다. 살아가는 법을 배우고, 처신하는 법을 배우며, 세상을 배운다. 평생학습은 지식뿐 아니라 지혜를 쌓아나가는 과정이다.

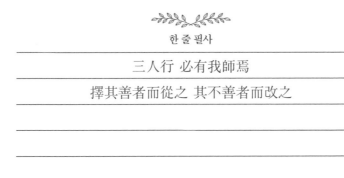

한 줄 필사

三人行 必有我師焉
擇其善者而從之 其不善者而改之

말이 아니라 행동이
그 사람의 품격을 보여준다

───────────◆◇◆───────────

낮잠을 자는 재여를 보고 공자가 말했다. "썩은 나무에는 조각을 할 수 없고 거름흙으로 쌓은 담장에는 흙손질을 할 수가 없으니, 재여를 꾸짖어서 무엇하겠는가?" 공자가 이어서 말했다. "나는 예전에는 사람을 판단할 때 그의 말을 듣고서 그의 행실을 믿었는데, 지금은 사람을 판단할 때 그의 말을 듣고서 그 사람의 행실을 살피게 되었다. 재여 때문에 이것을 고치게 되었다."

〈공야장〉 제9장

宰予晝寢 子曰 朽木 不可雕也 糞土之墻 不可杇也 於予與 何誅 子曰
始吾於人也 聽其言而信其行 今吾於人也 聽其言而觀其行 於予與 改是
재여주침 자왈 후목 불가조야 분토지장 불가오야 어여여 하주 자왈
시오어인야 청기언이신기행 금오어인야 청기언이관기행 어여여 개시

재여는 노나라 출신으로 자가 자아(子我)이며, 공문십철 중 한 명이다. 자공과 함께 언변에 능했다.

　공자는 낮잠을 자는 재여를 썩은 나무와 거름흙에 비유하며 크

게 혼내고 있다. 그러나 뒤에 공자가 한 말을 통해 유추해 보면 재여가 낮잠을 자는 행위보다 이전에 열심히 학문에 정진하겠다고 계속 말했음에도 말과는 반대로 행동하는 그의 행실을 꾸짖은 것으로 보인다.

그러나 재여는 이후에 열심히 학문에 정진해 공문십철 중의 한 명이 되었으며, 자공이 공자를 성인으로 만드는 운동을 추진했을 때 재여 역시 크게 이바지했다.

누구나 남들이 좋아할 만한 말을 하기는 쉽지만, 그것을 스스로 지키는 것은 결코 쉽지 않다. 그래서 그 사람이 참된 사람인지 아닌지는 공자가 말한 것처럼 그 사람의 말을 듣고서 그 사람의 행실이 말과 부합하는지를 살펴 판단할 수 있다.

우리는 지도자나 정치인의 자질을 판단할 때 이 기준을 적용해 볼 필요가 있다. 정치인들은 대부분 달변가다. 선거 때만 되면 우리는 듣기 좋고 희망찬 미래를 약속하는 공약을 수없이 듣는다. 그러나 대부분의 지도자나 정치인들이 실제로 그 자리에 오르면 약속했던 공약은 온데간데없고 상황에 따라 조변석개한다. 심지어 자신이 비난했던 일을 스스로 하는 경우도 많다. 국민은 그러한 지도자나 정치인을 결코 존경하지 않으며, 마음속으로는 업신여기게 된다.

《노자》제17장에는 리더의 등급에 대한 이야기가 있다. "가장 훌륭한 통치자는 백성이 그가 있다는 것만 아는 통치자다. 그다음은 백성이 통치자를 친근하게 대하고 칭송하는 것이다. 그다음은 백성이 통치자를 두려워하는 것이다. 가장 나쁜 것은 백성이 통치자를 업신여기는 것이다."

캐나다의 20대 총리인 장 크레티엥은 한쪽 얼굴에 안면마비 증세가 있어 말하는 것이 어눌해 정치인으로서 결함을 갖고 있었다. 그는 선거유세 때 "그 얼굴이 총리가 될 만한 얼굴이냐?"라는 인신공격을 당했다. 그러자 그는 이렇게 말했다. "저는 말을 잘하지 못합니다. 하지만 거짓말은 하지 않습니다." 그러한 그의 진정성에 국민은 그를 총리로 선택했다. 그는 세 번 연속 캐나다 총리를 연임했으며 총리의 자리에 있을 때 국민의 큰 사랑과 존경을 받았다.

우리는 사람을 만나면 처음에는 그 사람의 말을 통해 그 사람을 판단하게 되지만, 겪어보면 그 사람의 말과 행동이 일치하는지 아닌지를 알게 되고, 그것을 통해 그 사람의 인품을 판단하게 된다. 말과 행동이 계속 다르면 그것은 곧 거짓말을 일삼는 사람으로 비치게 되고, 그런 사람을 좋아하는 사람은 없다.

특히 지도자, 정치인, 기업의 CEO 등 리더의 자리에 있는 사람들은 사람들의 신뢰를 얻어야 조직을 안정적으로 이끌 수 있다. 직장인을 대상으로 한 조사에 따르면, 직장인들이 최악의 리더로 꼽는 리더가 언행불일치형 리더이고, 그다음이 명령하고 복종을 강요하는 권위형 리더로 나타났다. 이는 리더가 갖추어야 할 첫 번째 덕목이 언행일치임을 보여준다. 언행일치는 바로 신뢰의 열쇠다.

식언을 일삼는 리더는 결코 존경받지 못하며, 구성원들이 마음속으로 그를 업신여기게 된다. 말과 행동이 다른 사람만큼 가벼워 보이는 사람이 없기 때문이다.

한 줄 필사

始吾於人也 聽其言而信其行

今吾於人也 聽其言而觀其行

작은 것에 집착하면
큰 것을 잃게 된다

━━━━━━━━━━━━━◈◈◈━━━━━━━━━━━━━

공자가 말했다. "교묘하게 꾸미는 말은 덕을 어지럽히고, 작은 일을 참지 못하면 큰 계획을 망치게 된다."

〈위령공〉 제26장
子曰 巧言 亂德 小不忍則亂大謀
자왈 교언 난덕 소불인즉란대모

현대는 말을 잘하는 것이 하나의 능력이자 성공을 위한 도구다. 그러나 말 한마디를 잘못해서 관계가 단절되기도 하고, 성공의 위치에서 나락으로 떨어지기도 한다. 매스컴에서 말로 먹고사는 사람이 말로 망하는 경우를 흔히 볼 수 있다.

우리는 하루에도 수없이 많은 말을 하면서 살고, 우리 삶에서 말은 굉장히 중요하기에 예로부터 말을 신중하게 하고 삼갈 것을 당부하는 가르침이 수없이 많이 전해져오고 있다.

공자도 말에 대한 태도에 대해 많은 말씀을 남겼다. 공자는 특히 교묘하게 꾸미는 말에 대해 경계하라고 말하고 있다. 꾸민다는 것은 무언가 진실되지 않고 본심을 숨긴 채 상대에게 잘 보이려고 하거나 상대를 속이려는 의도가 담겨 있다. 상대에게 잘 보이려고 꾸민 말은 아첨이 되고, 상대를 속이려고 꾸민 말은 거짓이거나 상대에게 사기를 치려는 의도가 담긴 말이다. 또 이 사람 앞에서는 이렇게 말하고, 저 사람 앞에서는 저렇게 말하며 사람들을 이간질하고 뒷담화하는 사람들이 있다. 이런 말들과 행동은 분명 도덕을 어지럽히는 행위이며, 그 마지막 피해자는 결국 자기 자신이 되기 마련이다.

사람이 살아가는 데 있어 필요한 지혜를 모아 놓은 《명심보감》은 20편으로 이루어져 있는데, 18편이 '언어'편으로 말에 대한 금언으로 구성되어 있다. 우리 삶에서 말을 어떻게 해야 하는지가 매우 중요함을 보여주는 것이다.

《명심보감》에서는 "입은 사람을 상하게 하는 도끼이고, 말은 혀를 베는 칼이니 입을 닫고 혀를 깊이 감추면 몸이 어느 곳에 있어도 편안할 것이다"라고 했다. 입과 말이 자신을 망치는 화근이 될 수 있음을 말하고 있다. 말을 잘하는 것은 좋지만, 진정성이 담기지 않고 말만 번드르르하면 그것은 언젠가는 재앙으로 돌아올 수 있다.

또 공자는 "작은 일을 참지 못하면 큰 계획을 망치게 된다"라고 인내의 중요성을 말하고 있다. 요즘은 우리 사회에 '분노'가 하나의 현상이 되고 있다. 이별을 통보했다고 분노해 연인을 살해하고,

지하철역에서 눈이 마주쳤다는 이유로 남성이 20대 여성을 폭행하고, 평소 불만을 품고 있었다고 40대 남성이 70대 노부부를 흉기로 가격해 살인하는 등의 범죄가 만연하다. '교제 살인' '묻지마 폭행' '데이트 폭력' 등의 사회적 병리현상은 자신의 분노를 참지 못하고 다스리지 못하는 사람들이 벌이는 범죄다.

불교에서는 탐욕(貪欲), 진에(瞋恚), 우치(愚癡)를 삼독(三毒)이라고 말한다. 즉 욕심, 분노, 어리석음은 지혜를 어둡게 하고 악의 근원이 된다는 의미다.

우리는 하루에도 희로애락의 감정을 수시로 겪으며 살고 있다. 우리 삶은 각종 일들을 겪고 극복하고 인내하는 과정이다. 그러한 과정을 겪으며 삶은 더 견고해지고 우리는 성장해나간다. 그래서 작은 것에 모두 반응하며 일희일비하지 말고 더 크고 중요한 것을 위해 견디고 매진하는 목표의식이 있어야 한다. 작은 일을 참지 못하면 결코 큰일을 도모할 수 없다.

한 줄 필사

巧言 亂德 小不忍則亂大謀

먼저 사람공부를 하자

공자가 말했다. "제자들은 집에서는 부모님께 효도하고, 밖에 나가서는 공손하고, 행동거지를 삼가고, 사람들에게 신뢰를 주며, 널리 뭇사람들을 사랑하면서 인한 사람을 가까이해야 한다. 이러한 일들을 행하고 여력이 있거든 그 힘으로 글을 배우는 것이다."

〈학이〉 제6장
子曰 弟子入則孝 出則弟 謹而信 汎愛衆 而親仁 行有餘力 則以學文
자왈 제자입즉효 출즉제 근이신 범애중 이친인 행유여력 즉이학문

이 문장은 삶에서 지녀야 할 자세를 함축적으로 담고 있는 공자의 가르침이다.

가정에서는 부모님께 효도하고, 밖에 나가서는 윗사람들을 공경하고 사람들에게 공손하며, 행동은 경솔하지 않게 신중하게 하고, 말과 행동을 일치시켜 사람들에게 신뢰를 주며, 인의 마음으로 사람들을 널리 사랑하되 선한 사람들과 교류하며 좋은 점을 거울삼

아 배운다. 이러한 자세를 먼저 갖춘 뒤에 학문을 배우는 데 힘쓰라는 것이다.

우리의 선조들은 이러한 방식으로 자식을 교육하고 가르쳤다. 《조선의 밥상머리 교육》에는 그 내용이 구체적으로 담겨 있는데, 지금 우리의 교육이 참고하고 새길 만한 중요한 이야기다. "전통사회의 어린이 교육은 '하학이상달(下學而上達)'로 요약할 수 있다. 아래에서부터 배워 위로 통달하는 교육을 뜻한다. 여기에서 하학은 아이가 배우고 익혀야 하는 공부를 말한다. 수신(修身), 언어 예절, 응대 예절, 효도 예절, 공경 교육 등과 같은 일상생활에서의 기본 예절이 바로 하학공부다. 어렸을 때부터 인사(사람이 사람으로서 해야 하는 일)를 먼저 익히고 나면 자연스럽게 우주만물의 이치를 깨달을 수 있다는 이치다. 또한 이러한 단계를 절대 건너뛰어서는 안 된다고 가르쳤다. 하학공부를 게을리하고 천리공부를 하게 되면 결국에는 성공할 수 없다는 것이 선현들의 가르침이었다. 또한 쉬운 것에서부터 어려운 것으로, 일상생활의 간단하고 구체적인 것으로부터 추상적인 것을 익히고 배워 이것을 행동으로 옮기는 실천 중심의 교육을 강조했다."

그런데 현재의 교육은 사람이 사람으로서 해야 할 일을 배우는 사람공부를 할 여력이 없다. 아이들은 어려서부터 영어를 공부하기에 바쁘고, 초등학교에 입학하면 학교가 끝나는 대로 학원으로 직행한다. 사람에 대한 존중과 예절 그리고 사람으로서 행해야 할 기본에 대한 학습이 없이 오직 경쟁의 레이스에서만 달린 아이들은 자기중심적인 생각의 틀에 갇힐 수밖에 없다. 이러한 사고는 시야를 매우 좁게 만들어 삶의 고난이나 난관에 부닥치면 크게 좌절하고 절망하게 만든다. 또한 타인에 대한 존중감이나 더불어 살아간다는 공동체 의식이 없어 타인을 자신에게 도움이 되는지 안 되는지, 또는 이익으로 재단하고 그에 따라 대우한다.

우리 사회 전체가 경쟁심, 소외, 우울, 불통, 혐오 등으로 인한 부작용으로 시달리고, 금융범죄, 부동산 사기 등이 갈수록 만연해지고 있는 그 밑바탕에는 교육의 방향이 크게 작용하고 있음은 분명하다.

집을 지을 때 땅을 깊게 파서 흙을 다지고 주춧돌을 세워 기초를 튼튼히 다지고 그 위로 건물을 올려야 집이 무너지지 않는다. 우리 삶도 마찬가지다. 인성은 우리 삶에서 주춧돌과 같은 역할을 한다. 인성이라는 주춧돌이 단단하게 받쳐주지 않으면 아무리 큰 성공을 거두어도 그것이 언제 무너져내릴지 모른다.

"먼저 사람공부를 하고 나서 글공부를 하라"는 공자의 가르침은 우리가 삶을 견고하게 만들도록 이끌어주는 소중한 금언이다.

弟子入則孝 出則弟 謹而信

汎愛衆 而親仁 行有餘力 則以學文

사람답게 사는 길을 안다면 성공은 멀리 있지 않다

────────────── ◈◈◈ ──────────────

자하가 말했다. "어진 사람을 존경할 때는 여색을 좋아하는 마음과 같이 하고, 부모를 섬길 때는 온 힘을 다하고, 임금을 섬길 때는 자신의 몸을 바치며, 친구를 사귈 때는 말을 함에 믿음이 있게 하면, 비록 그 사람이 배우지 않았다고 하더라도 나는 반드시 그 사람을 배웠다고 말하겠다."

〈학이〉제7장
子夏曰 賢賢 易色 事父母 能竭其力 事君 能致其身 與朋友交 言而有信
雖曰未學 吾必謂之學矣
자하왈 현현 역색 사부모 능갈기력 사군 능치기신 여붕우교 언이유신
수왈미학 오필위지학의

어진 사람을 존경하는 마음을 여색을 좋아하는 마음과 같이 하라는 의미는 선(善)을 사랑함에 열성을 다하라는 말이다. 인간은 누구나 사랑하는 사람에게는 모든 것을 다 해주고 싶은 진심과 정성을 갖게 된다. 그런 마음으로 어진 사람을 존경하고 대하라는 것이다.

이런 마음을 갖게 되면 부모님께 효도하고 나라에 충성하며 친구를 사귈 때 신의를 다할 수 있게 된다.

이 정도의 인격을 갖춘 사람이라면 무슨 일을 하더라도 성심성의를 다해 최선을 다한다. 그래서 그 분야에서 실력이 쌓이고 사람들에게 인정을 받아 성공할 가능성이 높다.

실제로 좋은 학벌이나 스펙을 갖지 않았지만 풍부한 경험과 성실을 바탕으로 큰 성공을 거두는 사람들이 있다. '더반찬'을 창업한 전종하 대표도 그러한 경우다. 그는 고등학교를 졸업하고 대학에 진학하지 않고 창업을 준비해서 21세에 더반찬을 창업했다. 그는 부모님이 야채 도소매 분야의 일을 해서 시장에 갈 일이 많아 평소 반찬가게들을 유심히 살펴보았다. 당시는 반찬가게들이 온라인 주문이나 배달이 없던 시절이었는데, 전종하 대표는 철저한 시장조사와 분석을 통해 시장의 흐름을 읽고 온라인에서 반찬을 파는 아이템을 구상하고 실현해 대박을 터뜨렸다. 800만원으로 창업한 전종하 대표는 더 반찬을 월 매출 25억의 회사로 성장시킨 뒤 창업 8년 만에 동원에 300억 원을 받고 매각했다.

이런 사람들에게는 학벌이나 스펙이 크게 중요하지 않다. 전종하 대표의 경우 시장의 흐름을 발로 뛰면서 파악하고, 자신이 필요한 지식과 정보를 스스로 찾아서 얻으며 철저하게 준비했다. 그 결과 남들이 생각하지 못한 아이템을 발굴하고, 거기에 경험을 바탕으로 사업을 조직적으로 운영하면서 좋은 학벌과 스펙을 가진 사람들보다도 더 큰 성공을 거두었다.

우리가 학교에서 배우는 공부는 지식을 쌓게 해주지만, 사회에 나가면 현장 경험과 세상을 보는 눈 그리고 삶에 대한 지혜가 더 필요하다. 그래서 대학을 졸업하고도 다시 전문대학에 들어가 기술을 배우는 사람도 많다. 또 SNS가 발달하면서 유튜브 등 자신의 매체를 만들어 큰돈을 버는 사람이 늘어나고 있다. 성공적인 유튜버가 되기 위해서는 고학력이나 고스펙보다는 대중이 원하는 콘텐츠를 잘 파악하고 영상을 잘 만들 수 있는 기술이 필요하다.

부모에게 온 힘을 다해 효도하고, 국민으로서 나라에 충성하고, 친구에게 신뢰 있게 행동하는 사람은 삶에서 무엇이 중요한지를 알고 있는 사람이다. 공자가 사람공부를 하고 나서 여력이 되면 글공부를 하라고 했듯이 인사(사람이 사람으로서 해야 하는 일)를 잘하는 사람은 기본적인 배움이 갖추어진 사람이다. 반면 자신이 갖춘 것이 많다고 오만하고 불손하면 아무리 많이 배웠어도 기본도 되어 있지 않기에 갖추고 있는 학식과 스펙도 그 빛을 잃게 된다.

事父母 能竭其力 事君 能致其身 與朋友交

言而有信　雖曰未學 吾必謂之學矣

가장 좋은 화법은
상대와 장소를 따르는 것이다

공자는 향당에서 거처할 때는 온화하고 공손한 모습을 보이며 마치 말을 잘 못하는 사람 같았다. 그러나 종묘와 조정에 있을 때는 말을 잘하되 다만 매우 조심할 뿐이었다.

〈향당〉 제1장
孔子於鄕黨 恂恂如也 似不能言者 其在宗廟朝廷 便便言 唯謹爾
공자어향당 순순여야 사불능언자 기재종묘조정 변변언 유근이

향당은 공자의 일가친척들이 있던 고향마을을 말한다. 그 지방에는 자신의 친척 어른들이 있고 공무를 보는 곳이 아니어서 공자는 그곳에 있을 때는 겸손하게 행동하며 사람들과 어울려 지냈다. 그러나 예법이 중요한 종묘와 백성을 위한 정치가 행해지는 조정에서는 자세히 묻고 일을 처리하고 자신의 의견을 명확하게 주장하였지만, 말을 삼가고 함부로 행동하지 않았다.

사회생활을 할 때 중요한 예절이 있는데 바로 TPO에 맞추는 것

이다. TPO는 Time(시간), Place(장소), Occasion(상황)을 말한다. 공자도 TPO에 맞게 예절을 잘 지켰음을 알 수 있다. 고향 마을에는 자신의 친척 어르신도 계시고 또 친구, 이웃 등 지인들이 있어 공손하고 겸손한 모습으로 대화를 하고 어울린 것이다. 그리고 공식적인 제사가 진행되는 종묘에서는 필요한 것을 묻고 따져서 정확하게 진행하고, 정치가 행해지는 조정에서는 자신의 의견을 조리 있고 명확하게 주장해 역할을 다한 것이다. 그러나 집정자들과 함께 있는 자리이고 정사는 민감한 사안이기에 분란이나 오해를 일으키지 않도록 삼가고 조심스럽게 말했음을 알 수 있다.

상대와 장소, 상황에 따라서 말과 행동을 가려서 하는 것은 하나의 예의이자 원만한 사회생활을 위한 자세다. 특히 직장생활에서 구성원들과 좋은 관계를 유지하고 인정을 받기 위해서는 TPO에 맞게 말하고 행동하는 태도를 갖추어야 한다.

그런데 지인이나 친한 사람들과의 모임에서 예의를 벗어던지는 사람이 많다. 동창회나 친척 모임을 보면 재산 자랑, 자식 자랑, 일 자랑을 늘어놓는 사람들이 있다. 또 사람이 많이 모이면 남의 뒷담화나 험담으로 이야기가 흐르기도 한다. 그러면 그 모임은 서로의 안부를 묻고 발전적인 대화를 나누는 장이 아니라 끝나면 남는 것은 없고 오히려 기분만 상하는 만남이 될 수 있다.

공자의 태도를 보면 말을 삼가는 것이 말을 적게 하거나 침묵하는 것이 아니다. 상대, 장소, 상황을 고려해 말을 할 때와 안 할 때,

할 말과 하지 말아야 할 말을 가려서 하는 자세임을 알 수 있다. 또 공자를 통해 말하는 방법을 배울 수 있다. 자신의 전문 분야는 명확하고 정확하게 말하고, 자신의 전문 분야가 아니면 비록 알고 있는 내용이라 할지라도 아는 척하지 않으며, 만약 모르는 분야라면 모른다고 인정하고 상대에게 질문을 해야 한다.

영국의 정치외교가인 필립 체스터필드는 처세의 지혜를 다음과 같이 말했다. "함께 있는 사람들보다 학식이 높아 보이지 말라. 당신의 학식을 마치 회중시계인 것처럼 주머니 속에 감추라. 시간을 확인하기 위해 시계를 꺼내지 말되 누군가가 시간을 물어보면 그때 알려주도록 하라."

시도 때도 없이 떠드는 사람의 말은 왠지 가볍게 느껴지고 미덥지 않다. 그러나 말하지 말아야 할 때 침묵하고, 말해야 할 때 정확하게 말하는 사람의 말은 천금과 같은 무게감이 있고 신뢰가 간다. 말을 잘하는 것이 능력인 시대이지만, 어떻게 말하고 무엇을 말해야 하는지를 아는 것이 진정한 능력이다.

孔子於鄕黨 恂恂如也 似不能言者

其在宗廟朝廷 便便言 唯謹爾

배움이 빠진 혼자의 생각은 위태롭다

⎯⎯⎯⎯⎯⎯⎯ ◈◈◈ ⎯⎯⎯⎯⎯⎯⎯

공자가 말했다. "배우기만 하고 생각하지 않으면 얻는 것이 없고, 생각하기만 하고 배우지 않으면 위태롭다."

〈위정〉 제15장
子曰 學而不思則罔 思而不學則殆
자왈 학이불사즉망 사이불학즉태

과거의 교육은 스승이 단순히 지식 전달자가 아니라 제자가 묻고 스승이 답하는 과정을 거쳐 지식을 탐구하는 과정이었다. 《논어》의 내용도 주로 공자와 제자들 간의 대화의 기록이다. 그리스의 철학자 소크라테스의 교수법은 산파술로 불리는데, 질문과 응답을 통해 배우는 사람이 자신이 무엇을 모르는지 파악하고 스스로 진리를 깨닫도록 하는 방법이다. 이것은 배움을 생각을 통해 자신의 것으로 만드는 능동적인 학습법이라 할 수 있다. 이러한 능동적인 배움의 과정을 거치면 지식은 자신에게 체화된다.

그러나 주입식 교육은 지식을 전달해주지만, 생각하게 하는 과정이 없어 공부를 하고 나면 남는 게 별로 없다. 예전에는 중학교 3년, 고등학교 3년, 대학교 4년 10년에 걸쳐 학교에서 영어를 배워도 영어를 유창하게 하는 사람이 드물었다. 지금은 영어 조기교육으로 어렸을 때부터 영어 영상을 많이 접하고, 또 인터넷에 들어가면 영어 영상을 쉽게 접할 수 있어 마음만 먹으면 찾아서 학습할 수 있지만, 예전에는 영어 영상을 구하기가 쉽지 않았고, 또 학교에서 배우는 영어는 시험을 위한 문법과 독해가 위주였다. 그래서 학교에서 10년 동안 영어를 배워도 영어가 들리고 말로 하기 위해서는 학원을 다니거나 해외연수 등 다시 공부를 해야 했다. 배움을 자기 것으로 만드는 과정이 없었기 때문이다.

그래서 배우고 나면 의문을 가져보고, 되씹고, 모르는 것은 질문하면서 능동적인 과정을 거쳐야 한다. 이것이 생각하는 것이다.

또한 지금처럼 정보가 쏟아지는 세상에서는 자신에게 필요한 정보와 좋은 정보를 빠르게 판단하고 가려낼 수 있는 능력이 필요하다. 정보의 질을 판단하고 정보를 가공할 수 있는 능력은 바로 생각의 힘이다.

그러나 반대로 혼자 생각만 하고 배우지 않으면 위태롭다. 오류나 독단에 빠질 수 있기 때문이다.

〈위령공〉 제30장을 보면 공자는 생각만 하는 것에 대해 다음과 같이 말했다. "나는 일찍이 하루 종일 먹지도 않고, 밤새도록 잠도

자지 않고서 생각을 해봤지만 유익한 것이 없었다. 배우는 것만 못하였다."

'오만 가지 생각'이란 말이 있다. 수많은 잡생각을 이르는 말인데, 인간은 실제로 하루에 5만여 가지의 수많은 생각을 한다고 한다. 자려고 누워 있으면 수많은 잡생각이 스쳐가는 경험을 누구나 해보았을 것이다. 그런데 이 5만여 가지의 생각에는 유용하고 긍정적인 것보다는 부정적이고 쓸데없는 것이 훨씬 많다. 생각은 이러한 속성이 있기 때문에 배우지 않고 오직 생각만 한다면 부정적인 생각에 사로잡히게 되고, 공자가 말한 것처럼 유익함이 없다.

우리는 배움을 통해 자신이 잘못 알고 있는 오류를 바로잡고, 자신이 미처 생각하지 못했던 부분들을 알고 깨달을 수 있다. 또 혼자서 공부하는 것보다 스승에게 배우거나 남들과 교류하고 토론을 하면서 배우면 독단에 빠지지 않고 식견을 넓힐 수 있다.

《탈무드》에서는 "혼자서 배우면 바보가 된다"고 말한다. 실제로 유대인 교육법은 질문과 토론을 매우 중시한다.

그래서 학문의 올바른 자세는 배운 것을 생각하고 실천하며, 생각한 것을 배움을 통해 비교하고 확인해보는 것이다.

한 줄 필사

學而不思則罔 思而不學則殆

세상사는 넓은 시각으로
바라보고 판단하자

───── ◈◈◈ ─────

공자가 말했다. "군자는 말 잘하는 것으로써 사람을 추천하지 않으며, 사람만 보고 그 사람의 좋은 말을 버리지 않는다."

〈위령공〉제22장
子曰 君子 不以言擧人 不以人廢言
자왈 군자 불이언거인 불이인폐언

신언서판(身言書判)이라는 사자성어가 있다. 이는 중국 당나라 때 관리를 선발하던 네 가지 기준으로, 인물, 언변, 문장력, 판단력을 말하는데 당대 이후로 지금까지도 인재를 판단하는 주요한 기준이 되고 있다. 말을 잘하는 것은 인재가 갖추어야 할 요소이기는 하지만 전부는 아니다. 어떤 자리에 추천할 만한 인재를 판단하기 위해서는 언변뿐만 아니라 성품, 자질, 가능성 등 여러 가지를 종합해 보아야 한다. 말만 잘하고 행동이 따르지 않거나 식언을 일삼는 사람도 많기 때문이다.

〈헌문〉 제5장을 보면 공자는 "덕이 있는 사람은 반드시 그 덕이 말에 나타나지만, 말을 잘하는 사람이 반드시 덕이 있는 것은 아니다"라고 했다. 그래서 군자는 언변이 뛰어난 것으로 그 사람을 추천하지 않는다고 한 것이다.

그런데 군자는 그 사람이 문제가 있거나 또는 그 사람의 외적인 조건만 보고서 그 사람의 좋은 의견이나 말까지 버리지 않는다.

〈헌문〉 제18장에는 다음과 같은 내용이 있다.

자공이 관중은 제환공이 공자 규를 죽였는데 따라서 죽지도 않았고, 오히려 제환공을 도왔으니 어진 사람이 아닐 거라고 말했다. 그러자 공자가 이렇게 말한다. "관중이 환공을 도와 제후들 중 패자가 되게 하여 천하를 통일함으로써 백성이 지금에 이르기까지 그 혜택을 입고 있다. 관중이 없었더라면 우리는 머리를 풀어헤치고 옷섶을 왼쪽으로 여미고 살 뻔했다. 어찌 평범한 사람들이 하찮은 신의를 지킨다고 도랑에서 목매 죽어도 아무도 알아주지 않는 것과 같을 수 있겠는가?"

관중은 원래 제나라 군주 자리를 두고 싸웠던 환공의 형제 공자 규(糾)를 모시는 가신이었다. 관중이 활을 쏘아서 환공을 죽일 뻔했지만, 화살이 빗나가 환공은 목숨을 건지고 결국 제나라 군주의 자리에 오른다. 제환공은 정적인 공자 규를 죽이고, 그를 섬겼던 관중도 죽이려 했지만, 관중의 친구인 포숙아의 부탁으로 관중을 용서하고 재상으로 삼았다. 재상이 된 관중의 노력으로 제나라는 부국

강병을 실현하고, 제환공은 춘추오패의 한 사람이 되었다.

그래서 자공은 관중이 섬기던 공자 규를 버리고 정적의 밑에 들어가 재상이 되었으니 인하지 못하다고 말한 것이다. 사실 도덕적으로 생각해보면 관중은 모시던 공자 규를 따라서 죽는 것이 의로운 길이다. 그러나 공자는 이 문제에 대해 관점을 달리하고 다르게 해석했다. 관중은 명재상이 되어 백성을 위한 좋은 정책을 시행하고, 군사력을 강화해 부국강병을 실현했으며, 천자를 받든다는 존왕양이를 바탕으로 한 예(禮)를 내세워서 제나라가 주도하는 질서를 확립했다. 관중은 비록 한 사람에 대한 의(義)는 지키지 못했지만, 만인을 위한 의(義)를 실현했다고 할 수 있다.

높은 위치에 있는 사람들일수록 도덕과 양심에 따라 행동하고 욕심과 욕망을 내려놓아야 하지만, 인간은 신이 아니기에 수많은 잘못을 저지르게 된다. 그래서 어떤 사람이 큰 업적을 이루고 그것이 만인에게 좋은 영향을 끼쳤다면, 잘못은 밝혀내고 단죄하더라도 인정할 부분은 인정하고 배울 점은 취하는 것이 중용의 자세다.

君子 不以言擧人 不以人廢言

미덕도 지켜야 할 선이 있다

——————————— ◈◈◈ ———————————

공자가 말했다. "누가 미생고를 정직하다고 말하는가? 어떤 사람이 식 초를 빌리려고 했는데, 자신의 이웃집에서 식초를 빌려다가 주었다."

〈공야장〉제23장

子曰 孰謂微生高直 或 乞醯焉 乞諸其鄰而與之

자왈 숙위미생고직 혹 걸혜언 걸저기린이여지

미생고는 노나라 사람으로 정직하다고 소문이 난 사람이었다. 어 떤 사람이 그에게 식초를 빌리러 왔는데 그때 미생고 집에 식초가 없었다. 그러면 집에 식초가 없다는 사정을 말하고 돌려보내는 것 이 이치에 맞는 행동이라 할 수 있다. 그런데 미생고는 굳이 남의 집에서 식초를 빌려다가 그 사람에게 주었다. 표면적으로 보면 미 생고는 남을 위해서 수고를 마다하지 않고 상대가 필요한 것을 해 주는 착한 사람이라고 생각할 수 있다.

그러나 공자가 여기에서 말하려고 한 점은 그는 정직한 사람이라고 소문이 난 사람이지만, 그의 행동은 정직과는 거리가 먼 교언영색의 행동이라는 것이다. 이웃이 식초를 빌리러 왔을 때 없다고 솔직히 말하면 그것은 정직한 모습니다. 그러나 미생고가 이웃에게 식초를 빌리러 갔을 때 이웃에게 어떤 사람이 식초를 빌리러 와서 자신이 식초를 빌리러 왔다고 말하지는 않았을 것이다. 또한 미생고는 식초가 마치 자신의 것인 양 식초를 빌려주었다. 이는 자신의 평판을 생각해 한 위선적인 모습일 수도 있고, 공손하면서 예가 없어 스스로 수고롭게 하는 행동일 수도 있다.

자기 가족이 굶고 있는데 힘들게 얻은 쌀을 불우한 이웃을 돕는다고 기부하는 행동은 칭찬받을 만한 것이 아니다. 가장 가까운 가족들의 어려움을 먼저 해결하고 남는 것이 있을 때 남을 돕는 행동이 바람직한 행동이다. 앞에서 아무리 좋은 미덕도 때와 상황에 맞지 않게 하면 그 의미가 변질되고 만다고 말했듯이 상황에 맞게 행동해 질서가 유지되도록 해야 덕행이 된다. 쌀의 기부로 인해 내 가족은 먹지 못하고 고통스럽다면, 이것은 선행이 아니라 어리석은 행동이다.

주위를 둘러보면 남의 부탁을 거절하지 못하는 사람들이 있다. 이것이 돈을 빌려주거나 보증을 서는 경우라면 자칫하면 돈을 돌려받지 못하거나 자신이 채무를 떠안는 결과로 돌아온다. 암으로 투병하는 친구 어머니를 위해 보증을 섰다가 수천만 원의 빚을 떠안은 20대 청년이 목숨을 끊은 사건이 있었다. 남의 부탁을 거절하지 못해 돈거래를 했다 실패해서 그 자신은 물론 그 가족까지 고생하는 경우를 흔히 볼 수 있다.

남에게 도움을 주고자 하는 마음과 행동은 좋은 것이지만 무리하게 모든 부탁을 다 들어주는 것은 허세이며 어리석은 행동이다. 그리고 그 결과는 자신과 가족에게 큰 피해로 돌아올 수도 있다. 그래서 미덕이라 할지라도 지켜야 할 선을 넘어서는 안 된다.

한 줄 필사

孰謂微生高直 或 乞醯焉 乞諸其鄰而與之

차이를 인정하고 다름을 존중하자

───────◇◇◇───────

공자가 말했다. "군자는 화합하지만 부화뇌동하지 않으며, 소인은 부화뇌동하고 화합하지 않는다."

〈자로〉 제23장
子曰 君子 和而不同 小人 同而不和
자왈 군자 화이부동 소인 동이불화

화(和)는 서로의 다름을 인정하고 서로 거스르거나 어기는 마음이 없이 조화를 이루어 나가는 모습이다. 동(同)은 서로 다른 의견은 묵살하고 한목소리를 내며 획일화되는 모습이다. 군자는 각자의 다양성을 인정하고 조화롭게 어울리지만, 소인은 각자의 다양성을 인정하지 않고 서로 같아지려고 하지만 친화하지는 못한다는 의미다.

　우리는 저마다 서로 다른 환경, 서로 다른 성격, 서로 다른 성향을 갖고 있기에 백 명의 사람이 모이면 백 개의 생각과 백 개의 의견이 있을 수밖에 없다. 그러나 인간은 사회라는 공동체 안에서 살아가기에 그 백 개의 생각과 백 개의 의견을 조율할 필요가 있다.

공자는 예악(禮樂)을 중시했는데 당시 몹시 혼란스러운 정세에서 예로써 질서를 이루고 악으로써 조화를 이루면 강하고 평화로운 국가를 실현할 수 있다고 보았기 때문이다.

음악을 보면 음은 높이, 길이, 세기, 음색이 서로 다르다. 아름다운 곡조를 보면 이러한 다름이 어우러져 제 역할을 다하며 서로 조화를 이룬다. 또 교향곡은 서로 다른 악기들이 서로 화음을 이루어 아름다운 곡을 완성한다. 우리 인간사회도 마찬가지다. 서로 제각각 다른 구성원들이 모여 가정을 이루고, 사회를 이루고, 국가를 형성한다. 이때 조직이나 사회, 국가가 제대로 작동하기 위해서는 다양한 구성원들이 제 역할을 다하며 서로 어우러져야 한다.

서로 어우러지기 위한 전제는 서로의 다름을 받아들이고, 다양성을 인정하는 것이다.

우리 사회와 정치에서 생기는 불협화음은 서로 다름을 배척하고, 다양성을 포용하지 않는 데서 비롯되고 있다. 정치를 보면 국익이나 민생은 상관없이 정권 획득을 위해 다른 당의 의견은 무조건 틀리다고 주장하고, 또 같은 당 내에서는 한목소리여야 함을 강압하며 다른 목소리를 내는 의원을 배척한다. 그러나 같은 당을 들여다보면 그 안에서도 어제의 동지가 내일은 적이 되기도 하며 이익을 따라 이합집산하고, 파벌을 형성한다. 또 사회적으로 심각한 '혐오'의 문제는 '나는 옳고 너는 틀리다'는 포용성의 결여에서 비롯된다고 할 수 있다. 이는 공자가 말한 소인동이불화(小人同而不和)의 모습이다.

인공지능 시대가 열리며 세계는 갈수록 하나가 되어가고 있다. 그래서 다양성, 형평성, 포용성은 전 세계적으로 중요한 가치가 되었다. 서로의 다름을 받아들이고 다양성을 인정하는 화이부동(和而不同)의 자세는 조직, 기업, 국가의 성장을 이끄는 원동력으로서 하나의 경쟁력이 된다.

한 줄 필사

君子 和而不同 小人 同而不和

장미꽃을 선물한 손에는
향기가 남는다

― ◈◈◈ ―

공자가 말했다. "군자는 남의 좋은 점은 이루어주고 남의 나쁜 점은 이루어주지 않지만, 소인은 이와 반대다."

〈안연〉 제16장
子曰 君子 成人之美 不成人之惡 小人 反是
자왈 군자 성인지미 불성인지악 소인 반시

군자는 남이 잘되도록 좋은 점은 더 이끌어주고 도와주고, 나쁜 점과 선하지 않은 행동은 개선하도록 일깨운다. 반면 소인은 자신만 잘되기를 바라고 남이 잘되는 것을 원하지 않기 때문에 반대로 한다. '사촌이 땅을 사면 배가 아프다'는 말이 있을 정도로 남이 잘되는 것을 시기하고 질투하는 마음은 인간의 본능 중 하나다.

우리는 무한경쟁 시대에 살고 있다. 국가 간에 또 개인 간에 남보다 앞서고 도태되지 않기 위한 경쟁이 치열하다. 첨단기술을 둘러싼 강대국 간의 선점을 위한 경쟁과 패권 경쟁은 치열하고, 기술의 발달로 국경의 벽이 허물어지면서 개인들도 국내는 물론 해외 인재들과 경쟁해야 하는 상황에 놓여 있다. 심지어 앞으로는 인간이 기계와 경쟁해야 하는 시대가 열렸다.

인간의 역사에서 경쟁은 국가와 개인이 생존하고 번영하기 위한 필수요소로, 발전을 위한 디딤돌이 되었다. 그런데 경쟁은 그 이면에 대립과 갈등, 분열을 일으키는 큰 폐해가 존재한다. 그것을 해결할 수 있는 해법은 바로 협력과 공존이다.

일례로 인공지능의 위험성, 환경오염, 기후 위기 등은 인간의 무한경쟁과 개발이 불러온 폐해로 이를 해결하기 위해서는 세계 각국의 공동 대응과 협력이 반드시 필요하다.

개인도 마찬가지다. 우리는 자신의 생존을 위해서 남과 경쟁할 수밖에 없다. 하지만 사회에서 살아남고 성공을 거두기 위해서는 타인의 도움이 반드시 필요하다. 농구 황제 마이클 조던은 "재능은 게임에서 이기게 한다. 그러나 팀워크는 우승을 가져온다"라고 협력의 중요성을 말했다.

특히 리더의 자리에 있는 사람들은 "자신이 서고 싶으면 남을 먼저 서게 하고, 자기가 뜻을 이루고자 하면 남을 먼저 이루게 하라"는 공자의 말씀처럼 구성원들이나 다른 사람들이 최대한 이루고 달성하도록 이끌어주고 환경을 조성해주어야 한다. 그러면 그로 인한 결과나 성과는 결국 자신에게 돌아온다.

반면 경쟁에만 매몰되어 혼자 독주하거나 남의 성공을 시기 질투해 남을 깎아내리고 남의 공을 가로채는 사람은 한순간 성공을 거둘 수는 있지만, 그 성공이 오래 지속되거나 큰 성공을 거두기는 어렵다. 성공을 함께하고 어려울 때 도와줄 수 있는 조력자가 없기 때문이다.

노자의 《도덕경》 제8장에는 상선약수(上善若水)라는 말이 있다. '최고의 선은 물과 같다'는 의미다.

"최고의 선은 마치 물과 같다. 물은 만물을 이롭게 할 뿐 그들과 경쟁하지 않는다. 사람들이 싫어하는 낮은 곳에 처하는 까닭에 도에 가깝다. 머무를 때는 낮은 곳에 처하고, 마음을 쓸 때는 깊이 있게 하며, 사람을 대할 때는 사랑으로 대하고, 말할 때는 믿음이 있게 하며, 다스릴 때는 바르게 하고, 일할 때는 능력을 다하고, 행동할 때는 때에 맞추어 한다. 무릇 오로지 다투지 아니하니 원망이 없다."

우리 모두는 혼자서 살아갈 수 없다. 물처럼 남들을 이롭게 하고, 더불어 사는 삶은 남들의 원망이 없기에 결코 외롭지 않다. 그리고 남에게 베푸는 선한 마음은 복이 되어 결국 자기 자신에게 돌아오게 된다.

한 줄 필사

君子 成人之美 不成人之惡

내 소명을 찾아가는 삶을 살자

━━━━ ◈◈◈ ━━━━

공자가 말했다. "천명을 알지 못하면 군자가 될 수 없고, 예를 알지 못하면 바르게 설 수 없으며, 말을 알지 못하면 사람을 알 수 없다."

〈요왈〉 제3장
子曰 不知命 無以爲君子也 不知禮 無以立也 不知言 無以知人也
자왈 부지명 무이위군자야 부지례 무이립야 부지언 무이지인야

이 문장은 《논어》의 마지막에 나오는 문장으로 우리가 삶에서 알아야 할 세 가지를 이야기하고 있다. 첫째는 하늘의 뜻을 알고 그에 순응해 최선을 다하는 것이 군자의 자세라는 의미다. 둘째는 사람이 사람답게 살아가는 규범이 되는 예를 알아야 사회생활과 인간관계를 올바로 할 수 있어 바로 설 수 있다는 것이다. 셋째는 말을 이해해야 상대의 의중을 파악하고 상대와 대화를 하면서 사람됨을 파악할 수 있다는 뜻이다.

여기에서 말하는 천명(天命)이란 무엇일까?

자사가 지은 《중용》의 첫 구절은 천명이 무엇인지를 말하는 문장으로 시작된다. "하늘이 부여한 것을 본성이라 한다(天命之謂性)."

우리는 각자 하늘이 부여한 자신의 본성을 갖고 태어난다. 그래서 저마다 외모, 성격, 재능, 성향이 다르다. 이것은 하늘이 부여한 우리 각자의 본질이다. 이에 따라 우리는 각자 능력이 다르고, 자신이 잘하는 것과 못하는 것이 다르다. 공자는 나이 오십에 천명을 알았다고 말했다. 그만큼 천명, 하늘이 부여한 소명을 아는 것이 쉽지 않음을 알 수 있다.

그러나 행복한 삶을 위해서는 반드시 자신의 본질을 알고 소명을 아는 것이 중요하다. 이를 통해 왜 사는지에 대한 답을 얻을 수 있기 때문이다. 세상에 태어난 자신의 역할과 책임을 명확히 알게 되면, 쉽게 흔들리거나 방황하지 않고 하늘이 부여한 소명을 따라서 최선을 다해 살아갈 수 있다.

자신을 깊이 들여다보고 자신의 본질에 대해 고민하지 않고 삶이 흘러가다보면 어느 순간 길을 잃고 허무함에 빠지게 된다. 우리 사회에 40대 이상의 많은 사람이 어느 순간 번아웃이나 우울증에 빠져 방황하는 이유는 자신의 본질이나 소명은 알지 못한 채 하늘이 아닌 사회에서 부여한 페르소나의 가면을 쓴 채 살아가기 때문이다. 또한 하늘이 부여한 자신의 본모습이 아닌 사회가 정한 기준에 자신을 맞추며 살기 때문이다.

그래서 천명을 알고 자신이 할 수 있는 것과 할 수 없는 것을 분별하고, 내려놓을 것은 내려놓고 매진해야 할 것은 매진하는 삶이 행복으로 가는 지름길이다.

또 사람과 사람 사이의 질서 규범인 예를 무시하면 바르게 살아갈 수가 없다. 천체는 중력상호작용을 통해 수많은 행성 간의 질서를 유지한다. 우리 인간세상도 마찬가지다. 본능과 욕망을 가진 각 개체가 함께 살아가기 위해서는 질서 유지를 위한 매개가 필요하다. 남에게 피해를 주지 않고, 남을 배려하는 몸가짐과 바른 행동인 예가 바로 그 매개다. 이 예를 알지 못하고, 지키지 않으면 바르게 살 수가 없다. 우리 사회에 학폭, 성범죄, 사기, 폭력, 살인 등의 범죄가 난무하는 것은 사람이 사람답게 살아가기 위한 법도인 예에 대한 중시가 미흡하기 때문이다. 사회의 질서를 유지하는 예가 무너지면 그 피해는 각 개인에게 돌아갈 수밖에 없다. 또한 그 피해자가 언제라도 자기 자신이 될 수 있다. 그러므로 삶에서 예를 알고 지키는 자세는 반드시 필요하다.

말은 인간관계의 시작점이다. 우리는 사람들과 관계를 맺을 때 말로써 시작한다. 또한 말을 통해 상대의 감정과 의중을 파악할 수 있다. 물론 진짜 속마음을 깊이 감추고 입으로는 다른 말을 할 수 있지만, 시간을 갖고 그 사람의 말과 행동까지 살펴보면 그 사람의 진짜 모습을 알 수 있다. 말은 의사소통의 매개일 뿐만 아니라 상대의 감정과 생각을 담고 있기에 상대를 파악할 수 있는 매개이기도 하다. 말을 잘 이해하고 그 너머의 의미까지 파악할 수 있는 능력은 살아가면서 매우 중요하다. 우리 삶은 인간관계가 많은 것을 좌우하기 때문이다.

공자가 말한 지명(知命), 지례(知禮), 지언(知言)은 우리가 삶에서 뜻을 세우고, 바르게 살아가고, 원만한 인간관계를 맺는 데 지침이 되는 나침반과도 같다.

나 자신을 알고 나답게 살며, 타인을 이해하고 조화롭게 공존하는 삶이라면 나 자신을 사랑하고 사람들을 사랑하는 삶이니 공자가 말한 인(仁)에 가까워지는 삶이 아닐까?

한 줄 필사

不知命 無以爲君子也

不知禮 無以立也 不知言 無以知人也

나를 찾아가는 길에서 내 마음에 새기고 싶은
좋은 문구들을 여기에 적어보세요

_____

_____

_____

_____

_____

_____

_____

_____

_____

_____

_____

_____

_____

_____

_____

_____

_____

인생이라는 길에서 논어를 펼치다
하루 한 장 삶에 새기는 논어

초판 1쇄 발행 2024년 09월 20일
초판 3쇄 발행 2024년 12월 30일

지은이 이지연 · 심범섭
펴낸곳 보아스
펴낸이 이지연
등 록 2014년 11월 24일(No. 제2014-000064호)
주 소 서울시 양천구 목동중앙북로8라길 26, 301호(목동) (우편번호 07950)
전 화 02)2647-3262
팩 스 02)6398-3262
이메일 boasbook@naver.com
블로그 http://blog.naver.com/shumaker21
유튜브 보아스북 TV

ISBN 979-11-89347-24-6 (03140)